sapientia
サピエンティア38

標的とされた世界

戦争、理論、文化をめぐる考察

The Age of the World Target: Self-Referentiality in War, Theory, and Comparative Work

レイ・チョウ［著］
本橋哲也［訳］

法政大学出版局

THE AGE OF THE WORLD TARGET by Rey Chow

Japanese translation published by arrangement with Duke University Press
through The English Agency (Japan) Ltd.

目　次

凡例

一、本書は、Rey Chow, *The Age of the World Target: Self-Referentiality in War, Theory, and Comparative Work*, Durham and London: Duke University Press, 2006 の全訳である。

一、文中の（ ）、［ ］は原著者によるものである。

一、原文中の引用符は「 」で括り、大文字で記された文字などについても「 」で括った箇所がある。

一、原文中の（ ）および——で括られた箇所については、一部取り外して訳出した。

一、原文中でイタリック体で記された箇所は、原則として傍点を付した。

一、文中に訳者が挿入した語句および簡単な訳註は〔 〕で示した。

一、引用文献中で邦訳のあるものは適宜参照したが、訳文は文脈にしたがって訳しかえてある。

一、邦訳の書誌情報はできる限り示した。複数の訳がある場合には原則として最新のものを優先した。

一、原著の明らかな間違いや体裁の不統一については、訳者の判断で整理した箇所がある。

一、索引は原著をもとに作成したが、一部訳者が整理した部分がある。

まえがき

デューク大学出版局の新シリーズ「新機軸」(Next Wave Provocations) の編集者諸氏(インデルパル・グレワル、カレン・カプラン、ロビン・ヴィーグマン)にまず、この本を出版する機会を与えていただいたことを感謝申し上げる。またこの機会に、女性研究の分野で長年私の仕事にあたたかく寛容で知的刺激に満ちたご支援を与えてくださった読者や聴衆のみなさんにもお礼申し上げたい。たとえ私の議論が女性やジェンダーの問題に直接関わりがなくても、フェミニズムの批判的精神において自分の主題を探求できると私が確信できるのはそうした方々のおかげだからだ。この本に収められているのも、女性やジェンダーとは直接関わりのない題材だ。つまり戦争、理論、比較研究とフェミニズム文化批評とを対置させたとき、こうした出来事をフェミニズムの自己言及的枠組みに収斂させることなしに、知の生産に伴う力学をどう問うことができるのか? 実際、以下の章が全体として問題としているのは、自己言及性一般にたいする批判的意識がどのようにして今の西洋における学問的知的現象に構成的外部を取り戻すことが可能なのか、（西洋の脱構築というすぐれた実践においてさえも）繰り返し追い出され排除されてきた物との関係をどうしたら回復できるのか、という問いなのである。

この本の各所では同僚や友人たちがいろいろな場面で私の議論にしかけてくれたコメントや示唆、建設的批判、提供してくれた時間や場所の貢献が生かされている――イアン・チェンバーズ、ジョナサン・ゴールドバーグ、エリザベス・ハリーズ、マイケル・ムーン、ナオキ・サカイ、ケネス・スーリン、ドロテア・フォン・ムック、といった人たちがそれだ。私が原稿を書きあげたのは二〇〇四年から二〇〇五年のあいだに、ブラウン大学のペンブルック女性研究教育所のチェスラー・マロー・シニア学部研究員として、「時間の秩序」というセミナーをこのセンターの大学院で主催していたときであり、このセミナーの参加者およびゲストのみなさんには二学期間にわたる議論と尽きない話題で刺激していただいた。私の学科主任であるドーア・レヴィとマイケル・シルヴァーマンの親切さにはいつも頭が下がるし、多くの同僚や学生たちとのつながりがブラウン大学での活動をきわめて実りある経験にしてくれた。私の偏見をただそうと詳細な読解のうえに参照すべき文献を示唆して書き直しをうながしてくれたビル・ブラウン。理想的な編集者としてこの企画の最初から手際よく熱意をもって見守ってくれたケン・ウィソカーには感謝しきれない。いつもながらオースティン・メレディスが、ユーモアにあふれた態度で私の環境を守ってくれたおかげで、すべてではないが家庭のことに煩わされず書くことに集中できた。

最後に、この企画に直接関係していたわけではないが、クリス・カレンズとリヴィア・モネットに長年の友愛の感謝を。ナタリー・ゼーモン・デイヴィス、フレドリック・ジェイムソン、ドロシー・コー、マサオ・ミヨシ、ウィリアム・ミルズ・トッド三世、キャスリーン・ウッドワード、ミシェル・イェー、アンソニー・C・ユーにも、私の仕事をいつも心から応援してくれることにありがとう、を。

この本はハリー・ハルトゥーニアンに捧げたい。その何十年にもわたるアメリカ合州国の大学における理論的・歴史的なアジア研究にたいする努力と貢献を心から尊敬して。アジア研究は現代世界の他の出来事と別のものとして扱われるべきではなく、まさに同時代の現象としてあるべきだということを、ハリーは自ら実践してきた。

この本の三つの章は次の三つの本や雑誌に短縮された形で発表されたものだ。*America's War in Asia: A Cultural Approach to History and Memory*（『アメリカの戦争——歴史と記憶への文化的アプローチ』), edited by Philip West, Steven I. Levine, and Jackie Hiltz (Armonk, N. Y.: M. E. Sharpe, 1998), 205-20; *The South Atlantic Quarterly*（『季刊・南大西洋研究』）101.1 (winter 2002): 171-86; *English Literay History*（『英文学・歴史研究』）71 (2004): 289-311. いずれもこの本に収めるときに、加筆訂正を施した。

序論　アメリカ合州国におけるヨーロッパ発の理論

本書に収められた各章は、三つの連関した問いを省察する一連の試みから成り立っている。英米の人文学研究において今日のようなスタイルで私たちが物を書くようになった経緯をどのようにたどることができるか？　こうした書記の条件を異文化どうしの出会いと錯綜という、より大きな文脈で捉えたとき、とくに第二次世界大戦終了後の世界ではそうした書記の条件をどのように評価すべきだろうか？　地域研究、ポスト構造主義、比較文学というこの三つの領域を並べることで何が見えてくるか？　つまり、これらの学問領域は個別に異なったものであるように見えながら、第二次世界大戦後の北アメリカ、とくにアメリカ合州国においてはきわめて密接な関係を保ちながら発達してきたからである。

英米の人文学研究の書記の「スタイル」と言うとき私が意味しているのは、ポスト構造主義理論の到来以降しだいに浸透してきた、ある種の批評言語への傾きのことだ。それは主に文学研究において使われてきたが、歴史、哲学、映画研究、ジェンダー研究、文化研究といった他の人文学の分野でも用いられることによって、たとえば多くの読者を相手として新聞、雑誌その他の出版事業で発表される「それほど難しくない」と普通言われている文章とは区別されてきた。理論に影響された学者たちは、人文学の外にいる人びとから（あるいは人文学内部の理論ぎらいの人たちからも）訳もなく難解、曖昧で近づきがたいとしばしば馬鹿にされたり軽蔑されるような語彙や文法、議論の仕方を用いて書く傾向がある。私たちはいったいどのようにしてこのような苦行とも言える言語作業に到達したのだろうか？　そこでは互いの透明で居心地の良いコミュニケーションの代わりに、相手の意図も計り知れないような書き方が支配しており、少なくとも私たちのなかには（もちろん私はこのなかに自分自身も含めている）、そのような書記の様式をとることによって、単に流行のスタイルで書くというより、自身と他世界とのあいだに自己防衛の境界線という不可避の障壁を設ける人が多くなっているのだ。

この問いは、ポスト構造主義理論がもたらしたものにたいする再考を促さずにはおかない。とはいっても、今日の大学院生にとって「理論」という単語が意味するものは、たとえばジル・ドゥルーズ、フリードリッヒ・キトラー、ニクラス・ルーマン、ジョルジョ・アガンベン、アラン・バディウ、カール・シュミットなどといった著者たちのことで、それはかつて通用していたジャック・ラカン、ルイ・アルチュセール、ミシェル・フーコー、ロラン・バルト、ジャック・デリダ、ジュリア・クリステヴァ、ジャン＝フランソワ・リオタールといった一連の名前とは異なっているかもしれない。このように最近流行している理論家の名前は違っても、一般的にポスト構造主義理論的とされる思考方法が、私たちの周りで多くの影響力を持っている批評家たち（ほんの何人か名前をあげれば、エティエンヌ・バリバール、ホミ・バーバ、ジュディス・バトラー、ジャン＝リュック・ナンシー、イヴ・コゾフスキー・セジウィック、ガヤトリ・スピヴァク、スラヴォイ・ジジェクといった人びと）の仕事を支えていることは明らかだ。これらの人たちの書くものは、やや古びたように見える理論的パラダイム――それはしばしば「言語論的転回」と呼ばれる――が今でも有効で、ジェンダー、クイア研究、文化研究、エスニシティやポストコロニアル研究といった新たな分野で役に立つことを証明している。私の見るところ、ここで問題となっている変化はポスト構造主義理論が衰退している兆候などではおそらく全くなく、その変容、選択、適用の現われであって、現在という歴史的結節点においてその介入の契機を振りかえっておくことをますます重要にさせるようなプロセスなのである。

近代における「自己言及性」の登場――人の堕落の物語

ミシェル・フーコーはその初期の著作の一つ『言葉と物』において、ルネサンス以降、表象のコードないしは約束事と、表象される世界とのあいだの関係がいかに変容してきたかを歴史的に分析しようとした。[1] フーコーによる詳細で豊かな想像力にあふれた議論は多くの人が知るところだろうし、その雄弁で幾重にも層をなす省察をまとめようとしても、彼の著作そのものには及ぶべくもない。とはいえ、彼の仕事が私の提起した問いに深く関わっているので、ここで及ばずながら私なりに言いかえてみたい。

フーコーによれば、かつては言葉と物とのあいだに大いなる結びつきが存在した。この二つは類似と近接性によって結ばれていたので、言語を知るということは、つまり表象の規則を知るということは、同時に世界をその汲みつくせない豊かさのうちに知ることでもあった。しかし時がたつにつれてこの本来の結びつきは壊れていき、言葉と物が乖離するようになる。連続していたものがかけ離れた存在に変化し、こうした(差異化が進行したおかげで)ますます複雑になっていく事態に対処する方法が編みだされなくてはならなくなったのだ。古典時代において(一七世紀中ごろから一九世紀初めまで)表象は記号による意味作用という形式をとっていた。すなわち、そこでは記号が、つまり単なる言葉ではなく数や図表といった様々な分離の枠組みが、意味を生みだすために世界に押しあてられる。それが近代以降においては(一九世紀初頭から現在まで)言語と宇宙とのあいだの断絶が深まって、そのような格子枠さえも維持することが不可能となり、世界にたいする知識は世界を指示するように見える表象から論理的に帰結するものではなくなる。何かを実証的な形で「知る」ことだけではますます不十分となり、何かを「統御し秩序だてている」人為的な記号を通しても「知る」ことは難しくなった。知識そのものが生産される条件、それを可能にしている要件が問われることがきわめて大切になってきたのである。境界のない知があるという主張から信用が失われたことによって、現代の知識は自己反省的とならざるを得ない。世界との結びつきから切り離された知は、それゆえますますどのようにして知そのものが生みだされるのかの条件の探求となるのだ。フーコーがヴェラスケスの『宮廷の侍女たち』の読解によってじつにみごとに実証しているように（それがフーコーにとっては『言葉と物』における議論を集約している絵画だと信じられているからだが）、かつて知の位置が王によって確実に占められていた世界は、いまや人間自身が絵のなかに入ってしまう世界へと道をゆずってしまった。それ以上に、人は客体および主体双方として絵のなかに入っているのであり、それゆえ人の真実や可視性は様々に絡まりあった敷居や境界や限界と切り離すことができない。こうした人間の登場はすなわち有限性としての知識の登場でもあるのだ[2]。

フーコーが取り上げている知の特殊領域には（フーコーはそれを人間科学と名づけているが、今日の私たちはそれを学問分野《ディシプリン》と呼ぶ傾向にある）金銭を扱う経済学、自然史としての生命科学、文法に関わる言語学があり、それがかつての普遍的な知の汎用性を置き換えたとされるが、そうしたなかでもフーコーはとくに最後の言語における状況の変化に拘る。ジョルジュ・カンギレムが言っているように、「言語が経験の格子枠であるという発想は新しいものではない。しかしその格子の枠組みそのものが読解を要求するという発想のほうは新たに作りあげられなくてはならなかった」。言いかえれば、フーコーにとっての探求の鍵は「諸格子のなかの格子」であるところの言語がさらに一つの格子を必要とする、という状況にある。そのとき「以前のように言語そのものが物の唯一の格子であり、言語が物の署名であった時代」が決定的に終わるのだ。[3] 宇宙そのものの豊かさと価値の等しい存在から、物の整理のための、すなわち支配的な「秩序」の道具へ、そしてついには理論のような、明らかに風変わりで独我論的とも言える行いへといたる、このような言語状況の変容は、おそらくフーコーがその初期の著作全般において認識論的変化という表現で意味していたことのもっともわかりやすい現われだろう。[4] サイモン・デュアリングが書いているように、『言葉と物』や『知の考古学』で目指されていたのは、「ある種の異化効果であって、同一のものを異なる他のものへと変換することだった」のだ。[5] （人によってはヴィットゲンシュタイン以降の時代と呼ぶこともある）時代において、言語を知りしゃべり読み書くことができるということは、宇宙を知ることでもなく、無限に拡張可能な合理的秩序（図表のような）に従って宇宙を整理することでもない。そんな私たちの時代において、いったい言語とはどんなものに化してしまったのだろうか？

　フーコーの他の著作でもそうだが、近代（一九世紀初頭に始まる時代）とはフーコーによれば、一種の人類堕落の時代であって、物が類似、連続、近接といった関係を共有していたもともとの状態から、物が互いに分断され拡散され疎外された状態へと世界が移行する時代である。[6] そうした近代の登場を描くのにフーコーが選択する語彙は、様々な情動の混在を示唆する――嘆きや（物が差異化もされず分断もされない単純であった古き良き時代にたいする）ノスタルジアのようなものだったり、最近の出来事にたいする一種の恐れ、あるいは魅惑のようなものだ。たとえば彼はこう書いている、「差異を永久に枠づけている目に見える秩序は、いまや深淵のうえにおかれたうわべだけの輝きにすぎない」」。「西洋的知識の空間はいまやひっくり返ろうとしている」（*The Order of Things*, p. 251〔『言葉と物』二七〇頁〕引用者による強調）。類似と合理性に基づいていた知が終焉を迎えると世界が「曖昧な垂直性」を帯びる。この事態をフーコーは次のように定義している。

真底においていまや問題となるのは、もはや同一性でも他と異なる特徴でもなく、あらゆる方途や道筋が記された永久的図表でもなく、源、原因、歴史といった原始的で接近できない核にある隠された偉大な力である。今後、物はこうした自らのうちへと引っ込んだ密度の高い深源によってのみ表象されることになる。その力はそれ自体の不明瞭さによって曖昧で暗く隠蔽されてはいるが、自らのうちで固く結びつけられ、分断されながらも一緒であって、深い底の下部に隠された活力によって分かちがたくひとまとまりとされているものだ。（*ibid.*, p. 251〔同前、二七〇頁〕）

近代における言語の運命をこのように（「深淵」への）堕落として描き、世界と一致し、世界を名づけ（組織し）ていた格子枠という以前の能力を言語が失う物語として語るフーコーはそこに、いくつかのそのような喪失を補う機能についての分析を付け加える――「言語がこのように単なる客体の位置に下落してしまったことは、しかしながら、三通りの仕方で償われている」（*ibid.*, p. 296〔同前、三一七頁〕）。まず第一の補償は科学的言語という形態をとる。それは「すでに知られていることのレヴェルに厳密に適合する言語、という実証主義者の夢」に従って発明されたものであり（*ibid.*〔同前〕）、世界の正確な代替物であり続けるような言語だ。こうした実証主義者の夢想に伴って、言語から全く独立した論理の探索が行われる。これは「思考の普遍的な意味合いを明らかにし活用することができる一方で、作られた言語の単一性によってそうした意味が曖昧になってしまうことが避けられるような論理」である（*ibid.*, p. 297〔同前、三一八頁〕）。きわめて単純な文でさえも不純な要素を含んでおり、過剰や意図しない意味が正確さをそこなってしまうものだが、抽象的形式に基づく象徴的な論理を発明することで言語の余計な荷物を回避できるような透明な思考が可能になるというのだ。フーコーの同時代人であるロラン・バルトの言い方に従えば、$E=mc^2$ のような短い数式が抽象性をもって作られたことによって、近代の生活に満ちている様々な神話（つまりイデオロギー）による歪みを防ぐという理想が目指されてきたのである(7)。

言語の価値下落にたいする二番目の補償は解釈的な書き物、すなわち言語のなかに埋め込まれた批評的価値を回復することだけを目指すあらゆる言説のなかに見いだされる。すなわち「密で一貫した歴史的現実となることによって、言語は伝統という場を形づくり、語られなくても思考の習慣をなして、人びとの頭のなかに隠されたものとなる。それは自らを記憶として知ることとさえない深遠な記憶を蓄積するのだ」（*ibid.*〔同前〕）。フーコーはこのような「言語の批評的地位向上」のなかに、マルクスやニーチェのみならずラッセルやフロイトまで含めるが、それは一九世紀においてそうした言語が思考における形式主義とともに、無意識の発見と解釈のほうへと向かっていったからである（*ibid.*, p. 299〔同前、三一九―三二〇頁〕）。

価値の低下した言語にたいする最後の補償とは「文学の出現、文学一般の登場」であるとされ、フーコーはこれが「もっとも重要な」補償であると考える（*ibid.*〔同前、三二一頁、引用者による強調〕）。テクノロジーの支配が過剰に進み官僚的になりすぎた世界において、文学を補償手段とするという発想自体はもちろん新規なものではない。ヴィクトリア朝の英国で、マシュー・アーノルドが文学を世俗主義の興隆にたいする道徳を守る手段の一つと考えていたことがいい例だろう。しかしフーコーによる文学の独自性へのアプローチはそれとは全く違う。「文学の出現」という言い方でフーコーが指しているのは、言語の主体性が失われたことにたいする反動として世界に対立するスタンスを永久に取るような書記行為の登場のことであり、それは計り知れぬ自己言及性という形態をとる。同様の事態についてバルトは近代詩（の謎めいた表現）を言語的抵抗の主要な例として取り上げるが、(8) フーコーはこうした新しい書記形態の出現についてかなり詳細に論じている。フーコーによる熱のこもった描写は長く引用するだけの価値がある。

> 一九世紀初め、言語は一つの客体として自らの密度のうちに埋没するにいたり、知によってまさに徹底的に侵されることになったわけだが、同時にそれは他の場所で自らをある独立した接近困難な形で再構築し、自身の源という謎に包まれて純粋な書記行為との言及的関係においてのみ存在するようになった。文学は文献学に対する異議申立てとなる……それは言語を文法から救いだして発話の元始的力へと連れもどし、そこで言葉という馴致されていない強大な存在に出会うの

だ。おのれの儀礼的華やかさのなかに閉ざされた言説にたいするロマン主義の反逆から、言葉の不能さにおけるマラルメの発見にいたるまで、一九世紀において言語の近代的様態との関係で文学が持っていた機能がどういうものであったかがわかるだろう……すなわち文学は観念的言説からますます区別されたものとなり、根底から自らのうちに自己充足したものとなるのだ。それは古典時代のあいだ一般に文学を流通させることができていたあらゆる価値（趣味とか快楽、自然さ、真実のような）から離れて、そうした価値を笑いとばしながら拒否するようなすべて（スキャンダル、醜悪、不可能といった）を自身の空間の内部に作りだす。文学はまた表象の秩序に適合した形態としてのジャンルの定義それ自体から袂をわかって、他のあらゆる言説形態に対立して自らの無謀な存在状態だけを肯定する以外の法則を持たない言語の表白そのものとなる。そのため文学は自分自身のなかに永劫に回帰し続けること以外にすることがなくなり、その言説はそれ自身の形態の表明以外の内容を持たなくなる。それは書く主体という自分自身に向けて自分自身で発話するのだ……。分散した発話された言葉としての言語が知の対象となる瞬間において、我々はそれが厳密にそれとは反対の様態において現われてくるのを目撃する。一枚の紙の空白のうえに言葉が沈黙のうちに注意深くおかれ、そこには音声も発話者もおらず、自分自身だけを語り、その存在の明るさのなかで輝くほかには何も持たないのである。（*ibid.*, p. 300〔同前、引用者による強調〕）

この力のこもった美しい一節は二つの重大な問いを招くだろう。まず文学の特質について。ここでは一方で反逆、拒否、論争といった言い方がされ、他方で文学が他の世界から乖離して、まさにあらゆる絆を断ち切っているという主張がある。明らかにフーコーにとって文学とは世界を避けるものであり、彼の言うように「どこか他の場所で再構成」されて、全く自分自身で独立して存在しているものなのだ。こうした文学の定義に私たちが同意するかどうかはともかく、この本を通じてフーコーの議論は一貫してそうした定義に見合った論理を展開している。古典的な物の秩序を把握するための用語が類似、類推、連続、近接といったものならば、近代世界を把握するキーワードは疎外、差異、断絶、距離である。言いかえれば文学とは「人間科学が基づいている目的や想定から逃れ」て、「論評や解釈、説明とは無関係に存在する」ものだ(9)。自分自身だけに関心を持つものとしての文学とは、言語が傲慢かつ自己におぼれて内側に向いた産物なのである。

しかしフーコーは良心的な歴史家としていくつか関連する特例を挿入せざるを得ない――「一九世紀初め」、「ロマン主義の反逆」、「マラルメの発見」といったように。だが彼がいったんそれをしてしまうと――これが先ほどの引用が招く第二の問いだが――私たちは次の事実をじっくり考えてみる必要がある。つまりフーコーはここで、そうした特例への言及を一方でしながら、言語の価値低下にたいする「もっとも重要な」補償として「文学一般」をあげているということだ。過去数世紀にわたる言語の変容をきわめて博学な歴史的描写によってたどるなかで、彼はあるディレンマを導き出してしまう――「文学の出現」とはユニークで局地的な現象なのか、それとも「文学一般」と言われているような時間を超越した普遍性に関わることなのか、という。文学を抵抗力と侵犯力を持ったものとする考え方、すなわち近代の文学に例を見いだすことができるような言語の非伝達性、一種のヒステリーとも言うべき特質が（フーコーの他の著作ではそうした例としてレイモン・ルーセル、アントナン・アルトー、モーリス・ブランショ、ジョルジュ・バタイユといった作家があげられている）、文学的書記行為そのものの定義とされることは、控えめに言っても論議のあるところだろう。フーコーは『言葉と物』につづく著作で、精神分析のようなセクシュアリティの近代的分析における「抑圧仮説」を批判することになるわけだが、この時点では彼自身が文学に関する抑圧仮説にまさに与しているように見える。つまり（セクシュアリティについてフーコーが言うように）文学が権力の媒体であり効果であるというよりも、文学は権力の犠牲者であり対抗勢力であるとロマンティックに考えられているからだ。とりわけ近代以前の文学や非西洋の文学の研究者から見れば、文学や歴史に関するフーコーの偏向は驚くほど明白で、そうした偏見はたしかに多くの現代の学者たちにも共通している。そうした傾向が文学テクストの読解のありかたを支配してきたのであり、それはまた今日の「第三世界」や「地球南部」の文学テクストの読みについても言えることではないだろうか[10]。

　現時点から振り返って考えれば、フーコーの説明が示唆的なのは、（フーコーの意図はともかく）文学にたいする彼のロマン主義的・モダニスト的な理解（抵抗ないしは侵犯としての文学）というより、ときに彼が文学を普遍的で時間を超越したものと言いながらも、特定の書記形態が出現する歴史性を彼が明らかに強調している点にあると言えよう。フーコーが私たちに教えるのは、「文学」、あるいは言語の「文学的」特質とたしかに見えるものが、転変する関係性の結果もたらされたもので、その客観的「存在」は他の歴史的要因や異なる書記形態との関係においてはじめて設定される、ということだ[11]。そうなると、フーコーが近代的書記行為の文学的な特質として定義する自己言及性についてさらなる考察が必要となる。

フーコーの分析によれば、自己言及性が言語をめぐる主要な問いとして現われてくるのは、個人の自伝的書きものにおいてではない。この自伝というジャンルについては、学問的世界に留まらず広い範囲で書かれてきたわけだが(フーコー自身が個人的告白を主体化の主要な契機として取り上げるようになるのは、ずっと後の『性の歴史』第一巻[12]になってからだ)。そうではなくて、自己言及性は認識論的根拠の不安定化という意味で考えられており、フーコーはそうした安定性の喪失を、西洋における表象が近代に向かうなかで被った歴史的変転として捉えている。言いかえれば、「自身の源という謎に包まれて純粋な書記行為との言及的関係においてのみ存在する」ように見える言語の傾向とは、かつて言語が「参照枠中の参照枠」として、すなわち世界を知るためのまさに基礎として、持っていた力が根本的に溶解してしまったことの現われである。そのような古来からの媒介力を失うことによって言語はいまや、皮肉なことに自らの無力からのみ力を得ているということになる。「言葉の不能さにおけるマラルメの発見」とフーコーが呼んだ出来事において、文学は自らに言及することによってまさに無限に自己を永久のものとし、そうしたやりかたによって深遠な内部の重要性に肉迫するのである。

この限りにおいて一九六〇年代以来のいわゆるポスト構造主義理論の登場も、そうした文学の力が今日においても短期的に継続していることを示す現象と見ることができるだろう。理論嫌いの人から理論に対してしばしばぶつけられる非難を思い起こしてみよう――いわく、理論は現実を見ておらず、大衆を無視している。理論は非道徳的でニヒリズムを助長する、などなど。ポスト構造主義理論が慎重で自己言及的な方法であらゆる発話の背後にある意識的・無意識的な想定を明らかにしようとする姿勢も、フーコーが『言葉と物』のなかで提起する歴史的視点に照らせば、近代において言語が被ってきた歴史的な反応の延長線上にある同様の出来事として理解し得るからだ。おそらくフーコーが名指しする前衛的な作家たちよりもポスト構造主義理論のほうが、言語の自己言及性を前景化することをその特徴とする。つまりポスト構造主義理論によれば、言語はつねにすでに自身を解体する契機をはらんでいるのだから（「言及性への介入」いう章でより詳しく論じる）。

自己言及性にたいする拘りがこのように時代によって高まること、これを幽閉という観点から考えるべきだろうか？　多くの人の見るところ、フーコーのもっとも重要な関心は近代の処罰のありようにあったとされているのだから。「文学」の出現に関するフーコーの解釈、つまり言語がつねにそれ自身の知覚的法則に折り返されて存在していること、それを狂気の社会的編成や近代社会における様々な規律や処罰に関する彼のほかの研究（悲観的なものと見なされることが多いが）の視点から読み解くべきなのか？　この問いへの答えはたぶんかなりの的確さで「そのとおり」ということになるのだろう。たとえばフレドリック・ジェイムソンの『言語の牢獄』は英語で最初にポスト構造主義に特徴的な「言語論的転回」をニーチェ的な幽閉のモチーフから考えたものだ(13)。さらにジル・ドゥルーズによる重要な介入によってこのことに関する議論が深められたことも忘れてはならないだろう。『狂気の歴史』とか『規律と処罰』のようなフーコーの仕事に依拠しながらドゥルーズは、フーコーを幽閉の思想家として扱うのはフーコーの仕事のグローバルな意味合いからして誤っていることを驚くほど明瞭に示す。ドゥルーズによれば、「フーコーはつねに幽閉を二義的要素と見なしていた」。つまりフーコーによる幽閉概念（たとえば、らい病者、狂人、犯罪者のような社会から追放され隔離された者たちに関する）は、究極的には外部性との関係に基づいているというのだ。

> 追放と分断がまずもって外部性の機能であると言えるが、それが実行され、正式に組織されるためには幽閉のメカニズムを必要とする。牢獄は堅固な（房に閉ざされた）分断の手段だが、それは柔軟で移動可能な機能と統御された流通に差しもどされ、最終的には牢獄なしでもすむような自由な領域を結ぶネットワークともつながっているのだ……。モーリス・ブランショがフーコーについて言っているように、幽閉は外部とつながり、閉じ込められているのは外部に他ならない……集団が何かを幽閉するのは排除し外部に置くことによってであるが、このことは物理的な幽閉だけでなく、その物の内部についても言えることだ……。一般的に言ってこれは方法の問題なのだ。外部性のように見えるものから本質的な「内部性の核」に移動する代わりに、我々は想像のなかでの内部性を作りあげることで、言葉と物に内部の構成要素としての外部性を回復しなく

てはならないのである。[14]

ということは、（フーコーが何度も繰り返す）近代における言語の「価値低下」の結果である文学の自己言及性（あるいは自己幽閉性）もまた、ある種の外部性の機能の表明と見ることができるかもしれない。ある種の書記（批評的あるいは創造的な書き物）を狂人や詩人、さらにはポスト構造主義理論家だけが住む閉鎖空間に幽閉する、あるいはまさにゲットー化してしまう動きは二次的に起こることにすぎない。「フーコーにおいては何も閉じられていない」というドゥルーズの論理に従えば、[15]問題は文学における言語論的転回をふたたび開くこと、あるいは閉鎖を解くことであり、フーコーの言い方では「根底から自らのうちに自己充足したものとなる」ような文学における言語論的転回の様相を探ることである。となるとドゥルーズの言うように、「言葉と物に内部の構成要素としての外部性を回復」するにはどうすればよいのか？　謎に包まれ、文学以外の世界にはどうしても接近できない「想像のなかでの内部性」のように見えるものを（二次的にのみ）出現させる様々な関係性をどうすれば可視化できるのだろうか？

こうした問いに応えてフーコーは『言葉と物』の最終章で西洋的思想の限界を指摘する。（私たちが覚えておくべきなのは、フーコーのそれを含むポスト構造主義理論の多くが、戦後のフランスがイギリス同様、帝国として崩壊しつつあった時期に源を持つということだ。サイモン・デュアリングが書いているように「『言葉と物』は新しい時代が始まるのをまるで予期しているかのように書かれている」のである。[16])フーコーが繰り返し限界とか他者と呼ぶもの、すなわち「人間《マン》」という近代の発明のまわりに思いもかけずつきまとっているもの、それこそがフーコーの示唆によれば、人間科学を形づくっている外部性の捉えがたい機能のいくつかが回復され、それとともに書記における自己言及性が出現する際に現われる形象なのだ。次の節で私はフーコーの示唆を補うために、近代におけるこうした言語と理論のドラマを──それは独自の論理と内部性をもってすでに批評の文脈では当たり前の話になっているようだが──グローバルな言説の力学を形づくるものとして考察してみたいと思う。近代における理論と言語についての考察は、西洋と西洋の学問機関において抵抗や反乱に同調するものとして始まったが、西洋以外の場所では全く異なる意味合いを持ち得るのだから。

言語のドラマ、第二幕──今回の主題は地域研究

過去数十年の英米の大学におけるポスト構造主義理論の発展は、かなりのアイロニーを伴う状況を招いてきたと言える。つまり、地に呪われた者たちを理論的に精緻に研究する作業に従事しているのは、往々にしてこの地球上でもっとも裕福で恵まれた学問機関に所属する人びとであるという事実がそれだ。[17] 以下の頁で論じるように(とくに「言及性への介入」という章で)、語りの様態(知識の裏づけがあるだけでなく、しばしば自分が何をしているかに十分意識的な学問的言語)と、それが関心

を抱いているとされる苛酷で貧困に満ちた世界の現実とのあいだのこの矛盾は、なるほどポスト構造主義理論だけのせいではないが、それが言語と意味作用の自己言及性に焦点をあわせ、言及行為を根本的に停止させ遅延させているという事実は、いくつかの問いを招かずにはおかない。たとえばそのような隘路《アポリア》を、言語の意味作用が時間的に遅延され置き換えられるという理論的解釈によってもたらされためざましい知的発見の一つと見るか、それとも経済的に裕福な者と貧しい者との社会的断絶の特徴として考えるべきか？　あるいはその両方？　こうした二つの一見関係のなさそうな現象も――一つは学問的言語の専門的意味合いに関することであり、もう一つは「卑俗な」経済的現実だが――互いに補い合っているのではないだろうか？　つまり、経済的な格差が大きければ大きいほど、言語がそれ自身の知的存在の法則にますます深く真剣に自覚的となることで真実を明らかにしたいという欲求がそうした現実によって強まるのだから。あるいは逆に、フーコーをはじめとするポスト構造主義の理論家が論じてきたように、もし言語の自己言及性の不可避性が一つの歴史的な認識、すなわち言語は根本からその位置を歴史をとおして剝奪されてきたという理解のせいであるとすれば、そうした自己言及性なるものがたとえどれほど注意深く慎重であっても、いったい社会的不平等や不正義といった問題を解決するのに役に立つのだろうか？　それとも単に言語の自己言及的な性格はそうした不平等や不正の兆候に過ぎず、今後もそうあり続けるだけなのだろうか？　自己言及性による止むことのない遅延や距離化によって、周縁化され続ける文化やアイデンティティはどうなるのだろうか？　ポスト構造主義理論は文化的排除をどう扱うことができるのか、できるとすればどのようにして？

ポスト構造主義理論は批判的な多文化主義の要請にどう向き合うことができるのだろうか？

この点においてこそ、ある特定の認識論的断絶に関わる問題としての自己言及性が、近代における前衛的な言語と理論のドラマを超えて理解される必要があるのだ。

あとで「世界が標的となる時代」という章で論じるように、マルティン・ハイデガーの議論のなかには、近代の技術的な態度の優勢、すなわち人間が宇宙の中心であって他のすべては人間の使用のためだけに存在するといった搾取と序列化を旨とする態度に挑戦するという意味で、ここで考えようとしていることの批判的幅を広げるのに有益な視点がある。ハイデガーの「世界像の時代」という論文での分析は、アメリカ合州国が二〇世紀に軍事的超大国として覇権を握り世界支配の意志を露わにしたことにたいする哲学的考察にきわめて有益な視点を提供するものだ。一九四五年、第二次世界大戦の終結間際に、アメリカ合州国は当時自国で開発されていた核兵器のすべてである二発の原子爆弾を日本に投下した。こうした爆弾を投下する戦略的決定には、世界認識のためのどんな政治的視点が伴っていたのだろうか？ 核兵器テクノロジーは見るための技術の発展と切り離すことができないが、それはきわめて広汎な意味合いをはらんでいる。近代において世界は「像」として把握され認識されるようになったというハイデガーの示唆に従えば、原子爆弾の発明によって世界は標的として把握され認識されるようになったと言えるかもしれない。目に見えると同時に破壊されるべきものとしての世界。[18] 世界を道具と見なすような動き、つまり破壊的な技術の力の形をとったテクネーの表明、ないしは発見に支配された世界のありかたにたいする「狂った」「詩的な」反抗として、近代の自己言及的な書記形式が機能してきたとするなら、そうした狂気や詩は広島と長崎に落とされた原子爆弾によって引き起こされた惨劇についてどんなことを言うべきだろうか?

アングロ・アメリカという文脈で考えるなら、この問いはアメリカ合州国が現代の異文化交流において占める位置に関わるもう一つの問いを誘発する。すなわち、ヨーロッパから到着した(それはまた内部からヨーロッパ思想を解体することによって生まれたものでもある)ポスト構造主義理論が体制化されるとともに、私たちはアメリカ合州国の太平洋側で起きた歴史的出来事をどのように扱ってきたのだろうか? 言語の価値低下に反抗する自覚的な文学や理論の書記形式は、こうした歴史的出来事を西洋自身の衰退と日没の兆候以外のものとして見ることがはたしてあるだろうか? ニーチェからハイデガー、デリダからフーコーにいたるまで、西洋哲学や理論による西洋の没落と意味喪失についての拘りは、それ以外の場所における歴史や言語にたいする無関心と無知を伴って継続してきたと言える。シュウメイ・シが書いているように、「ポスト構造主義理論は西洋思想の筋肉を使いそれを強化することによって、言説による自己批評を通してますますそうした思想の自己再生産を可能にしてきた」のであり、同時に怠慢と沈黙を通じてしか「東洋と向き合うことをしてこなかった」[19]。アジアからやってきてアメリカ合州国でヨーロッパ思想を研究する者として、私はこうした断絶に繰り返し回帰せざるを得ない。一方には現代思想の自己反省的で(流行の)悲嘆とメランコリーにあふれた姿勢、他方にはどういうわけか自らの局所性に満足してしまう姿勢(限られた言語と文化、歴史だけについて語る傾向)があること、この矛盾は一種の認識論的スキャンダルでなくて何だろうか?

次のような反応もありうるだろう——人生は短いのだから、ギリシア悲劇やイタリア・ルネサンス、一八世紀のドイツ語の意味論、英国小説、フランスのヌーヴォー・ロマンの専門家に太平洋地域で起きることの知識を求めても無駄だ、と。しかし時間がないとか、すべてを知ることは不可能だといったアリバイこそがここでの問題の核心なのだ、つまり謂わばそれは一方的な特権なのだから。そのようなアリバイは非西洋文化を専門とする者には通用しないし想像もできないものだ。彼ら彼女らは専門外の言語や歴史、テクストについてかなりのことを知らねば、まともな研究者として通らない。たとえばアジアの言語や文学の専門家でダンテやシェイクスピア、ゲーテ、バルザック、フローベール、トルストイ、ドストエフスキー、チェーホフ、オースティン、ディケンズ、フロイト、ウルフといった人たちを読んだことがなかったり研究したことがないというのはまずありえないし、近年ではサルトル、ラカン、フーコー、デリダ、ベンヤミン、アドルノ、ハバーマスといった名前を聞いたことがないという人もまずないだろう。アジアを専門とする研究者には、たとえその専門領域がきわめて特殊な言語や主題であっても、グローバルな広がりとコスモポリタンな知識の要請がつねにあるのだ。（西洋を専門とする研究者とそれ以外の地域を専攻する研究者との対照は、アジアやオーストラリア、ラテンアメリカといった地域で開かれる国際会議ではなんども明らかになる。そうした会議での私自身の体験によれば、地元から参加した人たちが北アメリカやヨーロッパで出版された最新の理論書を読んでいるのに、北アメリカやヨーロッパの専門家は出身や文化がそれ以外の地域とつながりを持っているということがないかぎり、会議が開かれている土地の言語や文化伝統のことはほとんど知らず、自分自身の専門のことしか話せないということがしばしば起こる。言語について比喩的に語るなら、この場合地元の人たちの多くが自分自身の専門や言語以上のものを知っている〔知っていなければならない〕複数言語話者であるのに対し、西洋の専門家はおおむね自身の専門と言語のなかでのみ語る単一言語話者である）。

このような論点から考察すると、一九四五年八月に日本の二都市に投下された原子爆弾は戦争や兵器につきものの悪意以上のものを示唆する。まずこうした爆弾の使用は何より、アメリカ合州国が世界の超大国の位置に上りつめたことを象徴する出来事だった。ヨーロッパ支配を目的とした戦争の一部としてヨーロッパの科学者たちの協力によって設計された原子爆弾が、当初の目的とは異なりアジアの人口集中地域を破壊するのに使われた。近代の文学や理論の自己言及性への転回は西洋的ロゴスの優位が（その延長線上に西洋の帝国主義と植民地主義があった）脱構築されるという痛みを伴う不可欠なプロセスに内在するものであるとするなら、二〇世紀半ばにアメリカ合州国が超大国へとのし上がったことも、個々の著作家の意図に関わらずそうした脱構築の一環として考えられるべきだろう。言いかえれば、記号の指示言及性に介入し、それを括弧に入れ解体してしまうことによって、シニフィアン（記号の音声イメージ）とシニフィエ（記号の意味内容）とを切り離す様々な努力があったわけだが。そのような努力もこのような補助線、つまりアメリカ合州国を単にディズニーやマクドナルドの国として理解するだけでなく、近代史を通じたヨーロッパの帝国主義的な意図と経略を継承し、さらにそれを先に押し進めた国と見なす視点から再考する必要があるのではないだろうか？

知識の生産という文脈において、アメリカ合州国へと地政的権力の中心が移動し、ますます世界が英語によって支配されるという事態は、原子爆弾の投下を第二次世界大戦後の地域研究の発展と結びつけて歴史化しなくてはならないことを意味するだろう。合州国における地域研究は、平和時における情報獲得機関としてアメリカ合州国の膨張的な外交政策を補完してきた。地域研究が依拠しているのは像としての世界と標的としての世界という互いに結合しあった論理であり、他者の文化を知ることがつねに知る主体である「私という目（I/eye）」、すなわちアメリカ国家と社会に回帰する。H・D・ハルトゥーニアンとマサオ・ミヨシが書いているように、「戦争終結後五〇年以上たってもアメリカ合州国の学者たちはいまだに知識をまるで仇敵に直面しているかのように作りあげている……大学などのような機関に植えつけられた地域研究は、冷戦開始時に存在していた世界よりもさらにグローバルとなり文化的に境界がなくなりつつある世界において、新たな資金の導入によって既存の構造と活動を維持する努力をまだ続けている」[20]のだ。ここでは自己と他者との二項対立が政府の政策として強化され、ポスト構造主義理論によって解体され不安定であることが暴露された認識論的基盤が、野蛮な暴力（軍事力による征服と、その後の太平洋地域に散りばめられたアメリカ合州国の軍隊の駐留）および民事的装置の増大（資金提供団体、教育プログラム、文化情報機関、宗教的使節、出版局などといった）によってふたたび新たに設置されるのである。他者に関する知識は——それはしばしば土地に根ざした特有の知識として分類されるが——いまや直接的な意味で自己言及性の強制の一部分となる。つまり自己言及的であるとは、言語が滅びたあとの灰から出現する問いというよりは、アメリカ合州国の外交政策の視点からすれば暴力と攻撃のあからさまな実践だ[21]。広島や長崎の場合と同様、アフガニスタンとイラクでの現在の戦争において、この自己言及性は「我々（us）＝アメリカ」でないものを爆撃し消し去ることを意味しているのである。

このような原子爆弾以降の世界秩序における言語と文学は、フーコーが言っているような近代ヨーロッパにおける前衛的な抵抗と実験の場を構成するとは言えない。地域研究を作りだすことによって、言語と文学はアジアやアフリカ、ラテンアメリカ、旧ソヴィエト連邦、中東といった標的となる文化地域を仮設し、「我々が」使用するのにもっと便利で接近をたやすくする道具となるのだ。同様に二〇〇一年九月一一日以降、アメリカ合州国ではアラビア語（話者）への関心と需要が急増しているが、それはアラビア語を言語そのものとして研究することで自らの認識論的基盤を不安定にするためであるとは言いがたい。言語や文学の教員は地域研究の勤めを果たすために雇われており（あまり一般には理解されていないようだが、こうした教員たちは地域研究プログラムにしっかりと組み込まれている）、しばしばこの学問を道具主義的に目的達成の手段として遂行する者たちのなかでもっとも貶められた要員となっている[22]。

近年、言語の脱構築という発想は北アメリカの英語圏の学問において生産的な成果を生みだしてきた——存在の場（ハイデガー）、差延（デリダ）、時間性と遅延（ポール・ド・マン）、無意識の革新（ジュリア・クリステヴァ）、イデオロギー内からの別の認識的空間の生産（ルイ・アルチュセールとピエール・マシュレー）、あるいは歴史が現在の機能へと少しずつ衰退し、文学がそれに抗する自己言及性のもっともめざましい例であるという考え（フーコー）のような。しかし一方でこうした思想は、地域研究において（第二次世界大戦後のアメリカ合州国による知識生産の標的そのものとなってきた）様々な「他者」の文化に押しつけられ続けている言語の道具主義的な位置を視野に入れてこなかったと言える。このようなアメリカ合州国の状況においては、ハルトゥーニアンとミヨシが指摘しているように、「言語の透明性という想定のもとに、いったん他者の言語の単語さえ理解すれば、その土地特有の真実と知識を直截的に伝えてくれるという信念がある」[23]。理論と地域研究という二つの異なる運命を私たちはいかにして比較することができるだろうか？　そのそれぞれに、ピエール・ブルデューの概念を借りれば異なる象徴権力が伴っており、英語圏の大学における言語の生活圏として高等理論と地域研究という二種類の異なる場が存在しているのである[24]。

こうした状況で言語をめぐる問いは全く乖離した様相を示す。一方の側に言語に関する（有効で洗練された）哲学的・理論的な認識があり、それが美的にも政治的にも問題を構成する（こうした言語についての意識は、「透明な伝達」といった言語の道具化にも、言語にたいする官僚的支配にも実際に対抗することが可能だ）。他方の側にはまさに道具としての、官僚的支配を目指す透明な伝達手段としての言語習得の組織的強化がある（日本語、中国語、朝鮮語、ヴェトナム語、ヒンドゥー語、タガログ語、ラオ語、アラビア語、スワヒリ語……といった言語の場合はこうした傾向がさらに強まる）。言語にたいする後者のようなアプローチを正当化するのは、言語を習得することでこうした文化を知れば「知る」ほど、私たちは誤解と未来における衝突を避けることができるだろうという発想である。このような発想は全く正しいように思える、フランス語とかドイツ語ではそういう発想をしないのでは、と私たちが気づくまでは。二〇〇三年に始まったイラク戦争の場合におけるようにたとえフランスとドイツがアメリカ合州国の政策に反対しているとしてもたしかにこの時期には「フレンチ・ポテトフライ」を「フリーダム・ポテトフライ」に言いかえようという愛国的な騒ぎがあったが、しかしヨーロッパ大陸の六角形の土地に住む原住民が「我らアメリカ人」とどうしてこんなにも違った行いをするのか理解するためにフランス語を学ぼう、とは誰も言わなかったではないか。それはフランス人がアラブ人やアジア人やアフリカ人と違って「我らアメリカ」の一部とすでになっていたからだろうか？　理解を深めて紛争を防ぐために他者の文化と言語を学ぶというリベラル派の使命は、言いかえればすでにその内部に比較の力学をはらんでおり、そこには異なる文化や言語に関する回想的な判断が含まれている。ハルトゥーニアンが注意を促すように、西洋の言語や文化の研究は地域研究における言語・文化研究とは違って、「フィールドワーク」と言われることはまずないのである[25]（言語的・文学的比較に関する想定についての詳しい議論は「文学研究における比較という古くて新しい問い」という章を見よ）。

「アメリカで」

言語と理論、それにアメリカ合州国をめぐるこのような関心を抱いていた私は、しばらく前に出版された『アメリカにおけるフランスの理論』という論集のタイトルに注意をひかれた。私が興味をひかれたのはフランスの理論そのものというより、論集の書き手たちが「アメリカにおける」という形容をどう考えているのかということだった。[26] この本に投入された学識や知性、歴史的知識はきわめて優れたものだが、私は読み進むうちにその頁の多くに示唆されているアメリカという概念に憂慮を覚えざるを得なかった。この概念は——どう言ったらいいだろうか——どうも焦点がずれているように思えたのである。

すぐに付け加えておくと、私が言いたいのは題名に「アメリカ」とついている本はその内容にアメリカ合州国の人口構成（そこには学問機関における人口構成も含まれるだろう）を反映しているべきだということではない。つまり多くの読者にとって当然の関心となる「黒人は入っているか、アジア人は、ラテン系は、アメリカ先住民は？」といった問いをここで私は取り上げたいわけではない。むしろ私が疑問を感じたのは、アメリカとヨーロッパとのあいだに想定されているらしい関係のありようだ。とくにそうした思いは編者序文の次のような最初の興味深く、相反する主張を含んだ文を読んだときに強まった――「『フランスの理論』というのはアメリカで発明されたもので……アメリカがあらゆるヨーロッパからの輸入品を受容してきたという、引き続き現在も進行中のプロセスの一部である[27]」。まず第一に、アメリカが一種の創始者と見なされて、フランスにはそもそも存在しない「フランスの理論」という幻影の発明に責任を負っているということ。しかし私たちは「受容」という言葉にいたって、これがどんな種類の発明なのかを理解する。ヨーロッパとフランスの理論はしばしばそうであるように知的営みの真正な源であり、他方アメリカは謂わばフランスの理論が恵みをほどこしてくれた土地として扱われているのだ。言いかえれば、思想を根本的に変革する行為媒体はフランスの理論の専売特許であって、もしアメリカに何らかの意味ある役割があるとすれば、それは（偏狭で切り売りを得意とする）商売人としての役割にすぎず、他のものと同様、知的活動を商品に転化し、パッケージにして流通させるだけなのである[28]。

そう考えれば、「アメリカにおける」という句が何を意味するのかを再考してみるのも無駄ではないように思える。もしアメリカがヨーロッパの知恵を吸収するのに忙しい受動的な受け手と見なされているのに留まらず、自立的な知的回路としてフランスの理論、つまりフランス哲学が、第二次世界大戦後という地域研究の黎明期にかつての大英帝国という英語圏の他地域にまで広がる重要な核となっている、と考えればどうなるだろうか？（私たちが覚えておくべきなのは、しばしば「フランスの理論」と呼ばれているものが、分析哲学の影響を受けていた大学の哲学科が拒みがちであった哲学的な著作であるということだ。）もしフランス哲学がフランス語だけで存在していたとしたなら、フランスの理論は現在のようにカナダから台湾や日本、インドからカリブ海諸島、朝鮮からナイジェリア、東ヨーロッパ、オーストラリアといった広い地域の人文学研究にはたして影響を及ぼしてきただろうか？　もしそうした理論がこれだけの影響を与えてきたとするなら、それはそのフランス的性格のゆえだろうか、それともそうした理論がアメリカ合州国において（英国でも）英語に翻訳されることによって、様々な高等教育の現場で事後の生を伸張することができたからだろうか？　閉鎖的な考え方をするフランス人にとっては冒瀆とも言える形で、この場合フランスの文化的影響が広がったのは、まさに英語のグローバリゼーションのおかげなのである。

このようにいったん見方を変えてみると、「アメリカにおけるフランスの理論」という範疇では関係ないように見えた問いも密接なつながりを持つようになる。たとえば次のように問うことが可能となるだろう。フランスの理論は、公民権運動を支えた知的問いや文化的差異をめぐる戦後のリベラルな態度とどう関わるのだろうか？　フランスの理論は今日のアメリカ合州国におけるアイデンティティの力学における闘いをどのように先鋭化し、進展させているのか、とくにそうした力学が様々な国の言語や文学の教育に埋め込まれている場合はどうだろう？　フランスの理論はどんな形でニュー・クリティシズムの遺産とその美学的フォルマリズムの「精読」実践に挑戦し、またそれを補っているのか？　この問いは、アメリカ合州国、カナダ、オーストラリア、ニュージーランド、インド、香港といったかつての英国植民地において、ニュー・クリティシズムが冷戦期の軍事戦略と連携していたとも言われる教育方法として広まっていた、という文脈を考えると興味深いだろう。(29)　言及性を棚上げすることがどのように一般に膾炙し、フランス思想以外の様々な分野や学問諸領域に広がっているのか？　アメリカ合州国が戦後期において地域研究のような強力な知識装置を通じてグローバルな覇権を主張するとき、こうした言及性の停止には（そこに含まれる危険も含めて）いったいどんな認識論的、政治的な利害関係がはらまれているのだろうか？　起源を記す正統的な出来事であることがフランス理論の卓越した本質であることを、こうした問いのすべてが実証すると主張するのはあまりに突飛なことかもしれない。（フランソワーズ・リオンネットが指摘するように、フランス理論独自の役割は、歴史的に見てすでに媒介者としてのそれにあるとも言える——「戦後のフランス哲学はドイツ哲学への一連の鋭い批判であると見ることもできる」[30]。）フランスの理論は、「フランス的」であることから切り離され、異なった言語で語られ、おそらく（ある程度は）誤読され汚され歪曲されることで、アメリカ合州国において徹底的に（もしこの二つの動詞を使うことが許されるのなら）雑種化し統合されて、そういうした仕方で新たな思考と実践の形式に変化したのである。

同じ論理からして今日英語圏のアメリカの大学で活躍している学者たちを考えれば、彼ら彼女らは多かれ少なかれフランス発の理論を使いながら中東やアジア、アフリカ、ラテンアメリカの文化を探求している。エドワード・サイード、ガヤトリ・チャクラヴォルティ・スピヴァク、ホミ・バーバ、チャンドラ・タルペード・モハンティ、ゴーリ・ヴィシュワナサン、マサオ・ミヨシ、ナオキ・サカイ、ハリー・ハルトゥーニアン、H・リチャード・オカダ、ミツヒロ・ヨシモト、ジャオメイ・チャン、アン・ローラ・ストーラー、ジェニー・シャープ、サイモン・ギカンディ、ゴウラヴ・デサイ、オラクンル・ジョージ、ドリス・サマー、メアリ・ルイーズ・プラット、カルロス・アロンゾ、そのほか多くがこうした作業に従事してきた。あるいはそのような理論をアメリカ合州国やカナダのなかの様々な異文化について研究するなかで生かしてきた人たちもいる——サイディヤ・V・ハートマン、ホーテンス・スピラーズ、リサ・ロウ、デヴィッド・パルンボ＝リウ、スマロ・カムブーレリといった人びとがすぐに思い浮かぶ。ここから得られる結論は、フランスとヨーロッパの理論が知的な現象としてコスモポリタンな影響を与えてきた遺産としていまだに重要性を失っておらず、それはかなりの程度それが「アメリカにおいて」多面的に変容してきたことの結果なのだ、ということである。[31]（同様のリストが映画研究や女性研究、ジェンダー・スタディーズ、カルチュラル・スタディーズといった分野においても作成できるだろう。）リオンネットが書いているように、「『理論』はいまや徹底してアメリカ化され、飼いならされてフランス的学問の教育実践という『起源』から切り離されたものとなった。それは他分野の専門家によってドゥルーズやガタリのノマドのごとく、広く散種され脱領域化されてその枝葉をリゾーム状に広げ、その影響を教育カリキュラムのなかに刻み込んできた」[32]。

こうした観点からようやく私たちは「アメリカにおけるヨーロッパの理論」というプロジェクトの端緒を摑むことができる。それは「アメリカにおける」という自己言及的な句にはらまれている歴史や複層性を、アメリカ合州国に住んでいる私たちが深く認知することから始まるからだ。このような複層性はパラドクスを抱えている。つまり戦後期の世界政治におけるアメリカ合州国の帝国主義的位置を認識する一方で（地域研究はその支配的な表現形態である）、「フランスの理論」とか「比較文学」のような「エリート」の影につきまとわれた現象に対して、アメリカ合州国が知的変容の行為媒体としてつねに抹消とは言わないまでも無視されてきたことをも認めることが必要となるからだ。アメリカのこれまで相互に不干渉だった二つのこうした極のあいだに、再考の余地がかぎりなく存在しているのである。

フーコーの啓示

つまり自己言及性を問題にするからといって、私は自己をめぐるよくありがちな議論をしようというわけでも、利己主義について道徳的に論じようというわけでもない。ポスト構造主義理論は近代における言語と意味作用を後戻りできないほど自己言及的なものとしたが、そのような自己言及性は西洋思想の歴史的軌跡において不可避なものであると同時に大きな重荷ともなるものだった。それが不可避であるというのは、言語による意味作用のありようが近代の道具主義と官僚制度によって攻撃を受け完全に領有されることに対して抵抗するという意味においてであり、重荷であるというのは、そのような抵抗が露骨な自己拡張と自らの利益の追求へと向かう傾向に対してほとんど効力を持たないように思えるという意味においてだ。とくに異文化の出会いという繰り返し起きる出来事においては、根本的に不均衡な関係が支配するからである。こうした困難を考えるとき、ポスト構造主義理論の何が今でも有用で使用可能だろうか？　私たちは自意識が抑圧に対して批判的でなければならないという理由だけで、自己言及的で自己閉鎖的となり繰り返し自らのうちに折り返されるような自意識の可能性にかけることができるだろうか？　それこそフーコーが「文学そのもの」と（誤って）認識した、伝達を目的としない言語形式なのだが。こうした問いを私は「言及性への介入」という章で取り上げて、知的現象としてのポスト構造主義が出現する重要な瞬間のいくつかをふたたび眺めようと思う――いかにしてポスト構造主義が瑣末なブルジョワ文化の分析を（完結することなく）可能にしたのか、ポスト構造主義によって字義性のような永続的な問題の思考法が変革され複雑になってきたか、そしていかにしてポスト構造主義がマイノリティ文化やアイデンティティの問題に興味を抱く研究者にとって生産的であると同時に自己矛盾するような方向性を示してきたのか、といった問いがそれだ。とくに私はポスト構造主義理論による影響力も大きく論争を呼んできた貢献として、言及性と言われるものをいったん括弧に入れる姿勢がどんな意味を持っているのかをそこで考察するつもりである。

この本における私の考えは明らかにフーコーの『言葉と物』という著作に多くを負っているけれども、私がそれをやや特殊な仕方で使っており、フーコーの重要な貢献とは必ずしも考えられていない側面に拘っていることを読者は察することだろう。他のところで論じたことだが、フーコーの著作はたしかにポスト構造主義の言語と主体性に関するある種の否定性に特化する視点、すなわち意味作用の根拠の一時停止と解体という発想を共有してはいるが、それにも関わらずそうした否定性から横道に逸れ離脱し、さらには目的をもってそれを回避するような分析や議論を含んでいる[33]。私にとって否定性とのそのような奥の深い交渉は、フーコーのこの著作が提供するもっとも強力な啓示である。

たとえば自己言及性という問題に関して、その初期の著作において言語や表象システム、知の考古学に構造主義の観点から注目し、そのもっとも良く知られたいくつかの本で監視や処罰、拘束といった近代における組織的な個人の抑圧に焦点をあわせてきた一人の思想家が、最後期の著作において自己の単純な観念へと回帰するように見えるのは見過ごせない。フーコーが最後の二冊の本となった『快楽の活用』と『自己への配慮』で示していた方向性はこの点できわめて示唆に富む[34]。古代ギリシアやギリシア・ローマ時代の自由民の男性にとって（理想的な）性的行いを教示したテクストを詳細に読み解きながら、フーコーが（彼が書いていた）二〇世紀末の観点から見て、それまでの著作において見事に解析してきた自己言及性の近代的（およびモダニスト的な）様態からの決定的な分離を画すような自己認知の倫理を考察していることは明らかだ。根拠の脱構築という形式をとろうと、あるいは自己が自己に向かって繰り返し退却していくような形であろうと、そうした自己言及の様式は内面化（言語あるいは主体性という形式において）に向かう強迫的な存在論的動きに支えられる傾向があり、それだけを外部からの攻撃にたいする防御とする。（言いかえれば、理解しがたい自己脱構築的な書記作用と神経症／精神病という美的意識とリビドーだけが抑圧にたいする唯一の武器となったということだ。）それに反して、フーコーが古代の人間のうちに認めたところの、自らを統御し支配するという目的をもった自己抑制の諸特質は、このようなイデオロギーに彩られた内面化への傾きを唯一の知的解決とするのを拒むことから導かれる。フーコーの最後期の著作の学問的価値について論じるのは、私の力に余るし、この序文の目的を超えている。しかし私が今それらの著作で注目したいのは、自己言及性の問題にたいするこれまでのアプローチにフーコーが思考を誘発する補遺を付け加えているということだ。自己言及性はまさに私たちの時代における集合的熱狂の対象であり、それに対してフーコーは自己否定と自己拡張の幻覚ではないような方法で想像可能な批判的自意識の可能性を提示したのである[35]。

最終章で私はふたたびフーコーの『言葉と物』にたちかえって、比較という問題を取り上げる。自己言及性という問題を——言語による抵抗の形式をとろうと、ポスト構造主義的な言及の一時停止であろうと、国家戦略に基づいた地政的知識の生産だろうと——比較という作業によって別の概念体系に移しかえることができるだろうか？　興味深いことに、地域研究とよく似て（地域研究自体も「一種の弱い比較主義」とも言える[36]）、研究分野としての比較文学も世界が戦争をしていた時代、すなわちヨーロッパ諸国がいつものように互いに争いあっていた一八世紀末と一九世紀初めに勃興した学問である。異なる民族の文学的伝統を世界文学という民主的な観念によってひとまとめにするという目的をもって、比較主義は文化間闘争にたいする平和的な解決策として提示されたのだ。ここでも第二次世界大戦後の北アメリカが媒介者および移行点として決定的な役割を果たす。つまり、私たちが今日知っている比較文学という学問分野は、ヨーロッパの文学研究者たちの業績の遺産なのであり、彼らの多くが人種的・政治的な迫害を逃れて故郷を離れ、アメリカ合州国で自らのユートピア的文学観を組織的に支えてくれる後ろ盾を得た結果なのだ。比較文学のように自らの学問的（かつ認識的）根拠として言語的複数主義を強調する分野において、いかにして自己言及性という問題は捉えられるだろうか？　大陸ヨーロッパを起源とするような発想を超えて、今日の比較を重視する文学・文化研究によっていったいどんな読解の可能性が開かれるだろうか？　ドゥルーズによる想像力にあふれたフーコー読解に触発されて、本書ではこれらの問いにたいする私なりの解答を試みたいと思う。そのような試みは危険に満ちたものであることは確かだろうが、望むらくは「言葉と物をその構成的外部性へと復元する」可能性にもつながるのではないだろうか。

第1章　世界が標的となる時代——原子爆弾、他者性、地域研究

彼らは貴重な武器を無駄にしたくなかったので、レーダーではなく目測で爆弾を落とすことにした……。——Barton J. Bernstein, "The Atomic Bombings Reconsiderd," *Foreign Affairs* (January/February 1995), p. 140.

これほど世界が狭くなりみごとなまでに相互に結びあわされるようになると、権力の危険はますます増大するのだが、アメリカ合州国の公共空間においては、そうした権力と同化する以外の言説はいまだに発達していない。——Edward W. Said, *Culture and Imperialism* (New York, 1994), p. 300.〔E・サイード『文化と帝国主義2』(みすず書房、二〇〇一年)、一八五頁〕

アメリカ合州国の第二次世界大戦における介入について少しでも知っている多くの人にとっては、一つのイメージが他を圧して先行しているはずだ。すなわち広島と長崎に落とされた原子爆弾のイメージがそれで、馴染みとなったキノコ雲の映像は、それまで想像もつかなかった規模での放射能汚

染の影響と人命破壊を伴って人びとの網膜に焼きつけられてきた(1)。あるいはまた、広島と長崎に起きたことに関する私たちの知識はキノコ雲のイメージと切り離すことができないと言うこともできるだろう。知識としての「ヒロシマ」と「ナガサキ」が表象として私たちの元にやってくることは避けられず、とくにそれは映像としてやってくる。さらに言えば、この映像は古い意味での現実の模倣的再現ではなく、むしろそれ自体が恐怖のしるしと化した、私たち見る者をも標的とし得るような壮大なる実演なのである。

一九三七年から四五年にかけての日本による中国侵略の生存者のあいだで育った私のような人間にとって(人びとの抵抗戦争はいまだに「八年抗戦」と中国人に呼ばれているのだが)、原子爆弾のイメージはつねに別種の暴力のシニフィアン、つまり異なるタイプの抹消として心に刻まれてきた。子どものころ、私はアメリカ合州国が日本に行った暴虐よりも、日本が中国の男女に犯したことのほうをずっと聞きならされていた。戦争の話としてよく聞かされたのは、アメリカの到着が救いと平和と勝利を中国にもたらしたというもので、苦しい時代を経た後の「解放」の時として位置づけられてきたのだ。長じるにつれて耳から得たこのような知識は、私の頭のなかで正確な歴史の証拠としてではなく、ある種の感情的齟齬として、キノコ雲の圧倒的なイメージによって生みだされる情動からはずれた、何がしか収まりの悪いものとして残存するようになった。まるで爆弾によってもたらされた破壊の凄まじさが都市の人口すべてを消滅させただけでなく、そのような黙示録的な瞬間を導いてきた様々な悲劇の記憶と歴史をも消し去ったかのように。原子爆弾以外の様々な力によって誘拐され性的虐待を受け、殺戮され暴虐の限りを尽くされた人びとの記憶と歴史の抹消。ジョン・W・ダワーは次のように書いている。

広島と長崎は日本人が被った苦難の象徴となった。それは一種の倒錯した国宝として戦争の記憶を日本に起きたことだけに限定させ、日本が他者に行った暴虐の記憶を消した。つまり広島と長崎を記憶することは、南京やバターン、泰面鉄道やマニラのほか、非日本人にとって日本の数かぎりない暴虐を意味する記号を忘却するための方策となったのである(2)。

リサ・ヨネヤマがこうした状況を次のように簡潔にまとめている。「広島の記憶は戦前の日本帝国、その植民地経略とそれによってもたらされた悲劇をかぎりなくぼやかしてしまうことによって成立してきたのだ(3)」。今日でも日本の多くの人びとは、東アジアや東南アジアで日本軍が犯した戦争犯罪をいまだに必死に否定しており、「日本人」というラベルはたとえば多くの人にとって「ナチ」とか「ファシスト」といった語と同義語である「ドイツ人」のような名称と同じ文化的スティグマをほとんど被ってこなかったのである(4)。

しかしこの章での私の目的は、戦争中あるいは戦後の数かぎりない犠牲をしるした歴史や文学、個人の記憶をたどることにはない(5)。むしろ私は原子爆弾の意義を、あらゆるものが視覚的表象や仮想現実となった（あるいはそれらによって媒介された）グローバルな文化における認識論的出来事として探求してみたい。一九四五年夏の爆発によって放たれたものは、いったい知の生産においてどんな意義を持ち得るのだろうか？　この問いに答えるために、私は地域研究と呼ばれる世俗の学問的装置にしばし拘ってみたい。アメリカ合州国における地域研究のプログラムが戦後冷戦期の政府によって資金を提供された現象であることはすでによく知られた事実だが、二つの原子爆弾投下という第二次世界大戦中のアメリカ合州国によるもっとも悪名高い所業を再考することが、地域研究のプログラムに対する伝統的な考え方をどう複雑にし変革することができるのか、それを問うてみようと思うのだ。

見ることは破壊すること

匿名のあるジャーナリストが一九九五年、つまり原子爆弾投下五〇周年に書いていた記事にあるように、一九四五年八月に日本の二つの都市に落とされた爆弾が最終的に打ちくだいたのは、アメリカ合州国と日本とのあいだの見せかけの平等であった。その記事によれば、それは「まるでトラファルガーの海戦に一隻の鋼鉄の戦艦が現われて木造の敵艦をなんなく無残に破壊したようなものだ。全く相手にならなかったのだ[6]」。こうした文章は戦争の性格が定義上でも技術的なスケールにおいても根本的に変化したことを正しく指し示してはいるが、ここで考えるべきなのはこの変化がはらんでいる政治的・イデオロギー的な意味である。

純粋に科学的な見地からすれば、原子爆弾はもちろん当時もっとも進んだ発明品だった。あらゆる科学的発明がそうであるように原子爆弾も実地に試すことで効果を検証する必要があった。おそらくアメリカ合州国がその実験場として軍事施設よりも一般市民の住む場所を選んだことは偶然ではなく、原子爆弾の凄まじい効力の限界を試すには多くの一般市民の住む都市のほうがずっと如実に結果が現われると想定されたのだろう[7]。朝早い時間の市民の生活空間は普通の人びとが一日の仕事を始める時間であり、そこに爆弾を落とせば数のうえで想像を超えるような破壊力が期待されると考えられたからだ。そのような生活空間はそれまでアメリカ合州国の武器によって襲撃されたことがない場所でなければならず、そのような場所ならば爆弾実験の効果を戦後に測定することによってきわめて正確な評価が得られるはずだった[8]。さらに一つの都市を破壊するだけでは不十分で、アメリカ合州国は一つがウラニウム爆弾（単純なつくりで大砲のように機能し、リトルボーイというあだ名で呼ばれた）、もう一つがプルトニウム爆弾（こちらはより複雑な、まだ実用化されていない爆縮型という融合方式を使っており、ファットマンというあだ名がついていた[9]）という二つの爆弾をすでに所有していたのだから、両方を試してどちらが将来の生産継続にふさわしいかを知る必要があったのだ[10]。より「原始的な」ウラニウム爆弾が広島にまず落とされ、その数日後、より精巧なプルトニウム爆弾が長崎に投下された。こうした都市空間にはキリスト教徒やアメリカ合州国の戦争捕虜もおり、彼らは純粋な意味では日本人でも「敵」方でもなかったわけだが、そういった事実は問題とされなかった。この点についてイヴァン・トーマスは次のように書いている。

広島に原爆を投下する道徳的な正否についてほとんど議論が巻き起こらなかったとすれば、長崎についてはさらにそうした議論はなかった。作戦は［レスリー・R・］グローヴス将軍に一任され、彼は開発に四〇〇〇億ドルかかった爆縮型爆弾が広島を破壊した引き金タイプの爆弾と同じくらい効果があることを示したがっていた。極東で最大のローマ・カソリック教会の真上で爆発した長崎爆弾はさらに七万の人びとを殺害し、その犠牲者には日本軍人とほぼ同じ数である約二五〇人の連合軍捕虜が含まれていた。(11)

現代の科学が概念化、計算、客体化、実験といった分野においてますます精緻な体系となることによって、マイケル・S・シェリー言うところの「テクノロジーへの狂信」という暴発がこうして導きだされたことには多くの説明が可能だろう。(12) しかし核爆発という事態に関して忘れてはならないのは、複雑な科学の仕組みを理解することだけでなく、科学そのものが――この場合はエネルギーと質量と速度と光との関係をめぐる精巧な推測のことだが――ある種の表象のために使われ、その力が難しさではなく単純さと可視性にあることを悟ることだ。アインシュタインの相対性理論を要約し、原子爆弾の理論的源となった$E=mc^2$という等式が一瞬のうちに爆弾の破壊力の凄まじさを把握する。一個の爆弾を積んだ一機の飛行機＝日本の都市一つの抹消、という等式。この等式は原子爆発そのものの目もくらむばかりの閃光の隠喩なのか、それとも閃光が等式の比喩なのだろうか？

そのような等式がほぼ正確になるためには様々な計測単位を注意深く選択することが必要となり、また同時にそのような正確さは科学者以外の人には理解不能で関係がない――まさにそうした理由で、$E=mc^2$は実体というよりイメージやスローガンとして存在しているのである。この等式の科学的正確さと実証性が今日まで確証されていないとしても、それがきわめて有効な説得力と宣伝力を持つ武器であったことは間違いない。光の速度は極限、つまりあらゆるものが旅する最速のものと考えられている。よって光速を二乗したものは明らかにとてつもなく大きな数として想定されるだろう。この等式はその単純さと視覚的な表象性ゆえに、一つの爆弾が大いなる恐怖を作りだし、一機の飛行機が一国全体の抵抗の意志を破壊するのに十分だというもっとも肝要なメッセージを伝えることができる。決定的だったのはそれが科学者でない人の想像力をも捉えたということであり、そのなかには広島と長崎に原爆を落とすことに同意したアメリカ合州国大統領が含まれていた[13]。

かくして一つの簡単な等式のなかに優雅に――難なくと言っていいほどに――閉じ込められた爆発の巨大な衝撃力を誰でもが心にとどめ喚起することができる、まさにそのことによって普通の人が自在にボタンを押せば出てくるかのごとく、時代を画した破壊は即座に認知と把握が可能なものとなる。こうしてもっとも高尚な科学の知が概念的に民主化され、すなわち攻撃の武器としての使用と再生産と伝達がたやすくできるようになったのである。

ここで明確にしておきたいが、私は科学の精華が視覚的イメージによって置き換えられた、つまり「現実のもの」が単なる表象によって置き換えられた、ということだけを言いたいわけではない。というよりむしろ、原子爆弾の投下は科学の進歩の要となり、それは第二次世界大戦終了後も長きにわたって人間生活のあらゆる側面に影響を及ぼし続けてきたのではないだろうか。現代の科学は進歩していると同時に減退するという矛盾した地点に到達してしまった。科学の専門家以外には理解しがたいものをはるかに超える場所へと進歩し、さらに専門家の想像力にも挑むような複雑さを備えるようになった科学は、一方で日常的に俗人が簡単に利用できるちっぽけで便利な当たり前の活動として経験し得るものともなったのだ。そしてこれがマルティン・ハイデガーによって「世界像の時代」という有名な論文で言及された状況である。

あらゆる場所できわめて多様な形と扮装で巨大なものが出現しつつある。その過程でそれはますます小さなものへと向かう傾向を同時に明らかにしている。原子物理学における数のありようを考えてみればいい。巨大なものがちょうどそれを消え去らせるような形で前面に出てくる——飛行機による膨大な距離の無化、ラジオを通じて手をちょっと動かすだけで思いのままに外国や遠い世界の日常が取り出せること。(14)

私たちが日常的に使っている電気のスイッチやテレビ、コンピュータ、携帯電話といった器具はみな強大なもの——ハイデガーの言う「巨大なもの」——がありふれた努力を要しないちっぽけなもののなかに消滅するという、この矛盾した科学の進歩状況の例がここにある。私たちはこのような毎日の営みをいとも簡単に行い、それを可能にした理論や実験のことを忘れており、このような日常的な行いと原子爆弾の惨禍のような災難とを結びつけて考えることは滅多にない。二つのつながりに向かいあうことは私たちの生活の底にある恐怖に直面することである。だからハイデガーにとって原子爆弾の爆発は「長きにわたって起きてきたこと、すでに起こってしまったことの最終的な発露にすぎない」[15]。それは現代科学そのものの到着とともにはじまった滅却のプロセスなのである。

軍事的観点からは、キノコ雲の煙と塵は表象のテクノロジー、とりわけ見ることの技術の発達とともに進歩してきた武器発明の歴史の終着点を示すものだ。ポール・ヴィリリオが言うように「戦っている者にとって武器の機能とは目の機能に他ならない」[16]。ヴィリリオは繰り返しその著作で戦争と視覚のあいだに存在する強い親近性を指摘する。戦闘の場が視覚的認識の場所としてますます再編されるにしたがって、戦争の準備は映画作りの準備とますます区別がつかなくなる。ヴィリリオによれば、「アメリカは太平洋における未来の軍事行動を準備するために、映画製作者たちを現場に派遣し、まるで将来の映画作りにロケ地の設定をするかのように空からの撮影を行わせたのである」[17]。

右に引用した論文でハイデガーは、テクノロジーが支配する現代では世界が「世界像」となったと論じている。この言葉で彼が意味しているのは、現代の科学では（視覚的な）対象化のプロセスがきわめて欠かせないものとなったので理解——世界の「認識」と「把握」——はいまや見るという行為、すなわちある種の「像にする」営みと切り離せなくなったということだ。しかしハイデガーはこの場合の「像」が模倣を意味するものではないと付け加える。彼の説明によれば、世界像とは本質的に理解すれば、世界を像にしたものではなく、像として認識され把握された世界のことである。物は全体においてそれがまず存在し得る仕方においてのみ解釈され、表象し前面に押しだす人間によって作られたかぎりにおいてのみ存在となる。我々が像とされた世界を持つところではどこでも、それが何であるかに関する本質的な決定がその全体性においてなされる。何であれ物の存在はその表象性においてのみ求められ見いだし得る。

ハイデガーにとって、像となる世界こそが近代を近代たらしめているものである。彼は「世界が像となるということが、人間が存在するもののただなかで基体《ズブイエクトゥム》となるという出来事と全く同一なのだ[19]」と強調している。この基体という言葉によってハイデガーは、「前に横たわっているもの（Vorliegende）、根拠としてすべてをおのが上に集めているもの[20]」を言い表わそうとしているのである。そのような「根拠」として、人間は世界を自分たち自身の特殊な像として征服しようとし、「あらゆる事物を計算し、計画し、造形する際限ない力」を投じているのである。したがって、アメリカの場合が明瞭に例示しているように、科学と研究は「世界において自ら身構えること、その一つの絶対的に不可欠な形式[21]」となったのである。

ハイデガーに付け加えれば、爆撃の時代に世界は標的へと転換され、本質的に標的として理解され捉えられるのだと言えるかもしれない。世界を標的として把握するということは、世界を破壊すべき対象物として捉えることに他ならない。アメリカ合州国の国防省長官であったW・J・ペリーがかつて言ったように、「照準ミサイルや完全兵器に関する最近の考え方を一言で述べれば、それは次のようなものだ——標的を見つけることさえできたら、それを破壊することができる」というわけだ(22)。ますます戦争とは可視性を最大限に増幅させ、最大の破壊を行うために対象を明視することを意味するようになる。第二次世界大戦中に視覚によって有効な破壊を行うためのもっとも優れた方法が空からの爆撃であったこともその帰結であったし、原子爆弾投下後、日本が天皇制の存続を条件に降服を申しでた後もアメリカ合州国は本土空爆を続けたのだった(23)。

かりに多くの論者が今日でも信じているように、原子爆弾の投下が「抑止」となったとして、いったいこの「抑止」とはどんな性格のものだろうか？（同じ質問を私たちは「国防」「防禦」「安全保障」など同様の概念についても向けることができよう。）原子爆弾は戦争を止めただけではない。それは戦争がそれまでなかったほどエスカレートし激化することをも抑止したのだ、というわけである。戦争を「抑止する」のに成功したものこそ、究極の兵器にして防衛策なのだから。かくして破壊はまさに破壊そのものによって乗り越えられる。しかし現実には、実際の物理的戦闘行為の除去は戦争を終わらせるのではなく、テロ行為を奨励し増幅する効果をもたらしただけだった。そしてさらに重大なことは、このテロリズムがいわゆる「抑止的な」武器によるものだということだ。よって原子爆弾のキノコ雲とはこのような意味論上の変換のイメージでもあって、戦争と平和との境界線が曖昧になることの象徴ともなる。この変換が相対性《レラティヴィティ》と仮想性《ヴァーチャリティ》に彩どられた新時代を招きいれ、テロリズムの勢力が「抑止」の力と区別できず、戦争のためのテクノロジーが平和の実践と切り離せない時代を私たちは迎えたのである。ヴィリリオはこうした相対性と仮想性という新しい力を次のようにまとめている。

つまり表象なしに戦争はなく、心理的な操作なくして精巧な武器もありえない。武器は破壊の道具というだけでなく、把握の装置でもある。すなわち武器とは刺激剤であって、感覚器官と神経中枢における化学的・神経的な過程を通じて感得され、人間の反応や対象の認識や差異化さえも支配するものなのだ。……

……一般市民をも躊躇せず虐殺することを示すことによって、アメリカは敵の心のなかに、アインシュタインがその人生の終わりちかくに原子爆弾の破裂と同じくらい強力と考えた情報の爆発を引き起こした。

……たとえ武器が用いられなくとも、こうした要件がイデオロギーによる征服を可能にするのである。(24)

戦争と表象、戦時と平和時のテクノロジーの境界が曖昧になること、そこから多くのことが導きだされる。

第一に、視覚に関する規則と戦争の境界が変化することがあげられよう。以前なら前線と一般市民の領域とが明確に分けられて戦闘は戦われていたのだが、空に位置しながら行われる空爆がかつて兵士には入り込めなかった空間に介入し、敵から距離をとることによって（それは敵の反撃が不可能であるような距離だ）、これまで戦闘を定義づけていた古典的な視覚に関する境界を完全に破壊してしまった。第二に、空が戦闘区域に変化しそこから攻撃が行われることによって、戦争はもはや単に武器や物を遠方に飛ばす兵器を競うものではなくなる。むしろそれは知覚の効率を競うものとして再定義され、見ることがもっとも重要な機能となって、視覚こそが先制攻撃の最良の手段とされるのである。

第三に、さらに見方を変えれば、敵より先に見るという破壊の手段が戦争終結後も効果を発揮するようになる。原子爆弾破裂のイメージが平和時においても戦争に対する抑止手段として動員されることによって、他の表象が抑圧されるのだ。長期にわたって核の危険なるものが平和共存の目指す標的として掲げられてきた一方で、同様に破壊的な影響を持つ生物化学兵器（サリンのような神経ガスや炭疽菌のような細菌）の脅威のほうは一九九一年に湾岸戦争が起きるまでそれほど多くの関心を引いてこなかった。キノコ雲のイメージが繰り返し喚起されて圧倒的な影響を及ぼすことで、世界は核の破裂に対してまるでそれを模倣するかのように反応し、核の恐怖を自らのアイデンティティと攻撃の恐れに関するもっとも重要な参照点とすることによって、同様の視覚性を獲得してこなかった他の地球環境に対する脅威を（ほぼ最近まで）忘却してきたのである。

仮想《ヴァーチャル》となった世界

原子爆弾の投下によってもたらされた影響、それはミシェル・フーコー言うところのエピステーメーの重大な変化、すなわち知の組織、生産、流通の根本的変容である。[25] 原子爆弾後の戦争は敵である戦闘集団どうしの物理的・機械的な闘争ではもはやなく、相対的で相互に関係しあった位置にあるパートナーどうしの知覚における協同作業にますます似てくるだろう。[26] アメリカ合州国とソヴィエト連邦との数十年にわたる競争の場合のように、戦争とはますます仮想領域で戦われるものとなり、互いに防禦のためにどのような立場をとるかとか、潜在的な戦闘力を高めるために暗黙のうちに協力しあったり、抑止力を競うといったものになりつつある。仮想としての戦争が意味したのは恐るべき破壊力をもった予防兵器を実際に使うのではなく、それを蓄積することにおいて敵と競争することだった。敵方を恐れさせるために、当方は表象に力を注ぎ、見せることと展示することを手段とする。ヴィリリオが書いているように「画像と音の戦争が物（砲弾やミサイル）の戦争に置き換わっている」のだ。[27] 兵器削減と制限という名のもとで、SALT（戦略兵器制限条約）やSTART（戦略兵器削減条約）によってアメリカ合州国でもソヴィエト連邦でも武器の増強、促進、改良が図られてきたわけで、この二国は厳密に言えば、いわゆる「スターウォーズ」とかSDI（戦略防衛構想）における敵国というより同盟国だったのである。[28]

さらに言えば、今後の戦争は無限に自己言及的な問題設定として存在するようになるだろう。つまり戦争とは他のタイプの闘争や戦い——歴史の授業で「原因」として学ぶもの——を表象するのではなく、戦争そのものを表象するのだ。戦争は以前、伝統的で否定的な意味合いをもった阻害、つまり「通常の生活」として続いていたものが残念ながら避けがたく妨害されることを意味していた。しかしそれは新たな力のレヴェルへと移行することによって、通常の停止ではなく、通常の定義そのものとなるのである。戦争の時間と空間はもはや他者の形態から切断されるものではなくなり、代わりに今ここで機能し、今ここという内的ロジックとして作動する。通常起きていることを否定的に妨害することから、戦争は肯定的なメカニズムにして機制、すなわち社会を成り立たせる条件となって、視覚と統制の力を通してグローバルなコミュニケーションの覇権的空間を作りだすものとなるのである。

ここで重要なことは、このような戦争と戦争テクノロジーの視覚を通した規範化が戦争に負けた側でも、いやむしろ敗戦側ではとくに起きるということだ。ダワーが書いているように、日本では科学とテクノロジーの欠如が敗戦の主要原因とされ、原子爆弾も「核戦争の恐怖のシンボルであると同時に、科学のもたらす約束」とも見なされたのだから。[29] 軍事主義を押し進めることが禁止された戦後日本では、科学とテクノロジーの発展を「平和」と「民主的」社会建設のために特化して促進することとなる。爆弾やミサイルの代わりに、日本は車やカメラ、コンピュータといった「ハイテク」製品の世界でも有数の生産者となり、[30] ホンダやトヨタ、日産、日立、東芝、ソニー、三洋、ニコン、三菱のような名前が世界中で誰でも知っているブランドとなった。戦争で負けた「犠牲者」がふたたび立ち上がって、新しい競争における「勝者」となるのだ。そしてこの競争において世界を爆撃するのは違うタイプの破裂、すなわち情報による攻撃なのである(31)。

見ること＝破壊という図式の平準化と情報としてのテクノロジーという規範によって、かくして大いなる認識上の変化が生じる。それは速度に関わるテクノロジーが創始されて以来しだいに進行してきたものだが、ついに世界は仮想のものとなったのだ。市民生活と切り離せない一つの条件として、いまや戦争は私たちの日常的コミュニケーションに深く浸透している。情報の回路にも娯楽メディアにも、会話や表現のための装置にさえ戦争が入り込んでいるのだから。私たちが深く考えずに日常生活空間にあふれているテレビモニターや、リモートコントローラーや携帯電話、デジタルカメラやペンタブレットのような電子機器を使うとき、私たちは戦争による世界の仮想化に参画している。私たちは通常、たとえば昼や夜の食事を準備しながら他の場所で起きた災難のニュースをラジオで聞いてもさして奇異に思わないし、テレビのコマーシャルがレイプや拷問、虐殺の報道と共存していることにもショックを受けない。コミュニケーション・テクノロジーを通じて私たちは戦争や流血や暴力を消費しているが、それは私たちが様々な商品を消費していることの裏返しなのである。

世界の仮想化には私たちが経験していないもう一つの側面があって、そのほうがもっと深刻だ。たとえば一九九一年と二〇〇三年のイラク湾岸戦争のように実際に戦争が起きてしまうと、日常生活の仮想化というどこにでもある現象によって、戦争がヴィデオ・ゲームで遊ぶ技量なしには戦えないものとなってしまう。イラク空爆は世界を上と下、すなわち仮想世界にアクセスできる特権を持つ者と持たない者とに分断してしまったのだから。空の上での戦争は、子どものころから家でヴィデオ・ゲームに遊びなれていたアメリカ合州国の兵士が行うヴィデオ・スクリーン上の操作となる一方で、地上での戦いは身体に貼りついた肉体労働であり続け、天からでたらめに落ちてくる災難である状況に変わりはない。戦うアメリカ合州国兵士は男も女も、俯瞰できる視野を獲得していることからくる優越感と攻撃性を持ちながら、他者の遠隔操作と瞬間的破壊とを行っている。イラクの一般市民の方は、男も女も子どもも（一九五〇年代、六〇年代の朝鮮やヴェトナムの人びとと同じように）ますます命の危険にさらされ、いつなんどきでも蹂躙されるかもしれないという意味で物質的な根拠を失いつつあるのである(32)。こうしているあいだにもペンタゴンでは未来の戦争のために専用のインターネットを構築中との報道がある。その目的は、「すべてのアメリカの司令官と軍隊に〔地上軍を含め〕あらゆる他国の敵と脅威の動きを伝える映像、すなわち『神の目から見た』戦闘の視覚を与える」ことにあるという(33)。

自己と他者の軌道

カール・フォン・クラウゼヴィッツによれば、戦争のもっとも重要な要素は「道徳的要素」である。[34] アメリカ合州国の視点からすれば、この言葉は全く正当だということになるだろう。二一世紀の最初の数年にアフガニスタンとイラクに対して行われた爆撃が、アメリカ合州国とその他の世界を「悪の枢軸」や「大量破壊兵器」などから守る慈悲深い行為として正当化されたように、広島と長崎に落とされた原子爆弾も平和を守る行為とされ、人びとの命とドイツのナチズムによって脅かされた世界の文明を救うためのものとされたのである。（しかし日本に原子爆弾が落とされたとき、すでにドイツは降伏していた。）今日でもアメリカ社会では、もっとも教育のある者たち、科学的知識のある者たちのなかにさえ、原子爆弾が戦争を終わらせる最良の手段だったと信じている人がいる。[35] さらにアメリカ合州国のメディアは他国のメディアに追随して日本がアジアで犯した戦争犯罪について謝罪しないことや、フランスがヴィシー政権下のユダヤ人迫害に対する謝罪を遅らせたことなどを取り上げても、かつてアメリカの首脳は一人として広島や長崎を訪れたことがなく、核爆弾の引き起こした惨禍について遺憾の意を表明したこともないことは伝えない。[36] アメリカが自らの道徳的優越と正当性に何ら疑いを抱いていないこと、おそらくそこにこそ自国を例外的な国家とするアメリカの建国神話と原子爆弾の投下とのもっとも深いつながりがある（第二次世界大戦後アジア、ラテンアメリカ、中東でアメリカが繰り返してきた民族闘争への軍事的介入についても、建国神話とのつながりが指摘できるだろう[37]）。真珠湾攻撃（一九四一年一二月七日〔日本時間八日未明〕）とか二〇〇一年九月一一日の攻撃といった場合でも、アメリカ合州国は自らが世界の一部にすぎない（よって他の国と同じく攻撃されることがあり得る）と認識せざるを得ないはずなのに、その反応といえばアメリカ合州国の例外主義を再主張するだけなのだ。こんなことが我々に起きていいはずはない！　我々は比べるもののない国なのだから、攻撃されるはずなどないのだ！　こう言って他者を激しく攻撃する、これが典型的パターンとして繰り返されてきたのである。

一九四五年後、数十年間にわたってアメリカ合州国はソヴィエト連邦、中華人民共和国、北朝鮮、ヴェトナム、中米の国々、そして湾岸戦争とある種の知の生産に基づいた戦争を行ってきたし、戦争に基づいて知を生産してきた。戦争と知識は、「自己」と国家そのものとされた「目という視覚」に危険を及ぼす海外の他者の身体を集合的に幻影化することによって、互いを可能にし、強化しあってきたのである。アメリカ国民の意識のなかにこの外の身体に対する恐怖がいったん根を張りさえすれば、合州国政府の政策決定者たちは戦争のほかに選択肢はないかのごとく語り行動する、このことが繰り返されてきたのだ(38)。こうして戦争は世界の自由と民主主義の守護者というアメリカ合州国の自己概念から想像上の危険な他者を追い払うという道徳的責務として遂行される。言いかえれば「道徳的要素」とは、それが「自己」と「他者」に関する知識を生産するかぎりにおいて、すなわち自らの「目」とその「標的」についての知を生みだすかぎりにおいて、この二項対立的論理によって戦争を正当化していくものなのだ。逆に戦争の暴力はいったん始まってしまえば、他者を付加された恐怖のイメージのなかに固定し、自己は理想像のうちに承認されるのである。

この点で第二次世界大戦中にアメリカ合州国の軍人だけでなく社会科学者や行動科学者によっても日本人が悪辣なステレオタイプで描かれたことは、何世紀にもわたる西洋による非西洋の「他者」に対する取り扱いに伴うイデオロギー的メカニズムがいまだに進行中であることの露骨な一例に他ならない。ダワーによれば、ジェフリー・ゴラーのような学者の手にかかると、日本人は集合的かつ「客観的に」みて「強迫観念にとりつかれた総じて神経症的な人びとであると診断でき、その生活は儀礼と『その場に応じた倫理観』に支配され、抑圧された怒りと攻撃性が暗い底流として脈うつ不安定な状態に置かれている」とされる(39)。ダワーが指摘しているように、そうしたステレオタイプは偶然でも前例のないものでもない。

日本人は第二次世界大戦中の他者表象レトリックにおいてきわめて「ユニークな」存在だったと言えるが、実際にはヨーロッパ人やアメリカ人が何世紀にもわたって非白人に当てはめてきた各種の人種的ステレオタイプの集積にすぎなかった。そこには新世界征服から奴隷貿易、アメリカ合州国におけるインディアン戦争、中国人移民、アジア・アフリカの植民地化、世紀初めのアメリカ合州国によるフィリピン征服にいたる他者のステレオタイプ化が影響していたのである。さらにこうしたステレオタイプは一九世紀の西洋科学によって補強されてもいた。

事実、最終的には優越と劣性を指示するこれらお気に入りの決まり文句は人種を超えて、自己と他者を表わす一般的な等式となったのだ(40)。

こうした「自己」と「他者」との道徳的な断絶が、第二次世界大戦後のアメリカ合州国による日本占領期にも知の生産を支配する。モニカ・ブラウが書いているように、一九四五年の後すぐにアメリカ合州国が野蛮で非人間的であると見なされないように、日本を世界の他地域から切り離すために、旅行の禁止、私信の管理、学問研究やマスメディア情報といった通信の検閲が行われた。その占領方針は「アメリカ合州国が非難されることがあってはならず、すべての罪は日本にある[41]」という見方に貫かれていたのである。

日本占領が開始されたとき、その雰囲気は軍事的なものだった。日本は敗けた敵として屈服させねばならなかったのだ。日本人には世界における自分の位置を教え込まねばならず、それは敗北した国民であって、地位もなく尊敬にも値しないというものだった。日本の人びとに自分たちが被った惨禍は自分で引き起こしたものだということを認識させねばならない。人びとが後悔するまで、彼ら彼女らに対する疑いを解いてはならない。もし日本人が広島と長崎に落とされた原爆に関する情報を公開しろと言うのなら、それはアメリカ合州国の非人間性を告発するという誤った理由によるものに他ならない。だからそうした情報は伏せておくにかぎる、というわけだ[42]。

空爆の場合と同じく、他者を見つめる広域的「視覚」のエリート主義および攻撃性が意味しているのは、他者の苦しみなど自己の超越的な欲望に比べれば取るに足らないということだ。そしてそのような超越的欲望はある特定の文化におけるテクノロジーへの狂信の産物であるにも関わらず、利他的な普遍主義の装いをもって語られることを特徴とする。マイケル・S・シェリーが言うように、「広島と長崎の現実は、原子爆弾が『人類の命運』とか『人間の選択』、あるいは『人の心に起きたこと』や『世界政府実現の希望（いまやこれが派手に復興しているようだが）』とかにもたらした影響に比べて重要ではない」のである。[43] 日本側では、リサ・ヨネヤマが書いているように、そうした「人類の普遍的歴史についてのグローバルな語り」が「戦後ずっと国民的な犠牲の論理と無実の幻想」を維持するのに役立ってきた。さらに彼女は一歩踏みこんで次のように言う、「広島の災難は人類という超越的で無名の位置から記憶されるべきだという考え方を……『核の普遍主義』と名づけるのがふさわしいようにも思われる」。[44]

戦争と人種主義と知の生産との関係がこうした言い回しで語られてしまえば、現代の戦争の目立った特徴、とくにその非人格性や強制力、恐るべき残酷さが現代世界を性格づけている暴力や闘争に対する「忌避感」からの「逸脱」であると想定することはもはやできない（そのように想定する人もいまだにいるようだが）。[45] その代わりに私たちにとって肝要なのは、暴力を用いて戦争を求めること、さらには知の育成とともに平和を追求することが、同じコインの表裏であると理解することであって、私はそのコインを「世界が標的となる時代」とよんでいるのだ。戦争と平和は妥協不可能な反対物ではなく、むしろ共存し、視覚によって仮想化された世界の連続性のなかで協働しながら機能する。さらに重大なことは、現代の世界では特権的な国家だけに、同時に戦争を起こし平和を唱導することが可能だということだ。シェリーは次のように書いている。「アメリカ合州国が所持していたのは、狂信的でありうるための他国にはない資源である。それは自らの命よりも他者の命を奪うことを可能にする資源であり、技術をめぐるレトリックによって破壊への意志が隠される、そんな資源なのだ」[46]。ここから言えるのは、もし残酷な政治的・軍事的な行為がアメリカ合州国だけの専売特許でないとするなら（そのことを証明するのは難しくない）、それにも関わらず注意すべきなのは、そのような行いがアメリカ合州国において啓蒙と博愛の衣をまとっているということであり、テクノロジー的な完成と平和の探求とを同時に望むという仕方で表明されるということだろう。有権者によって政治指導者の決断が判断される国においては、独裁国家とは異なり、暴力は生の形では存在できない。きわめて暴力的な行動も善良で合理的な物語の装いをまとわなくてはならないのである。

戦争と人種主義と知の生産とのこうした密接な関係の観点から、私はこれから地域研究について思うところを述べてみたいと思う。それは地域研究が世界を認識論的に標的とすることと、平和時の「人間的な」実践とのあいだの関係の結び目となるような学問分野であるからだ。

原子爆弾から地域研究へ

その名が示唆するように、地域研究とは厳格に言ってもともと軍事的な源を持つ地域研究の生産様式である。たしかにたとえば「極東」文化圏の歴史や言語、文学についての研究は第二次世界大戦よりずっと前から存在していたが（エドワード・サイード言うところの、文献学に基づくオリエンタリズムの伝統がそれにあたる）、特定の地政学的区域の名を冠したシステム化された研究は、おおむね戦後のそれもアメリカ合州国における現象である。H・D・ハルトゥーニアンの言い方では、「おもに大規模な大学において地域研究がシステム化されたことは……戦争が新たな様相を帯びるにしたがって敵を位置づけなおす壮大な試みであった」[47]。さらにブルース・カミングスが言うように、「機密扱いをとかれた文書証拠によれば、アメリカ合州国政府、とくにその諜報機関は戦後の地域研究全体を共産主義がもっとも力を持っていた地域、すなわちロシア、中央および東ヨーロッパ、それに東アジアに明確かつ直接の影響を持つように構想した、と言っても過言ではない」[48]。一九四五年のあとの数十年間、世界の支配と破壊をめぐる覇権をソヴィエト連邦と争っていたアメリカ合州国にとって、これらの地域は一貫して特別な「監視」を必要としていたわけだが、それらに東南アジア、ラテンアメリカ、中東を加えてもいいだろう。研究されるべき地域としてこれらの領域は標的となる土地、つまりアメリカ合州国が政治的・イデオロギー的なヘゲモニーを維持し続けるために必要とされる情報の保持と散布が行われるべき土地という重要性を帯びていたのである。

いまや古典となった『オリエンタリズム』の最後の部分でサイードは、地域研究をかつてのヨーロッパのオリエンタリズムから続くものとしながら、そこには異なる教育の重点があると述べている。

そこでのオリエンタリストはオリエントの深遠な言語をまず学ぼうと試みることはもはやない。代わりに彼が始めるのは社会科学者としての訓練であり、その科学をオリエントやその他の地域に「適用」することだ。これこそがアメリカ人によるオリエンタリズムの歴史への特異な貢献であり、それが開始されたのはアメリカ合州国がイギリスとフランスに取って代わる位置を占めた第二次世界大戦後すぐの時期であると言える。(49)

サイードの用例がおもにイスラーム圏や中東の地域研究からのものであるのに対して、カミングスは東アジアを標的とする次のような概略を描いてみせる。

アジア研究協会(AAS)は一九四三年に極東協会として創立された最初の「地域」研究組織であり、一九五六年にAASとして再組織される。一九四五年以前にはそのようなことにほとんど関心は払われなかったし、まして基金を提供するものもあまりなかった。しかし言語の研究を通したオリエンタリズム研究という古典的テーマを追求することよりも、最新の社会科学理論を非西洋世界にあてはめることのほうが大事だと思われるようになったのだ。……オリエンタリストたちは研究の中心からはずれる代わりに専門分野で多くの利益を得ることになり(地位や図書館、言語研究施設といった面で)、やがて東アジア研究所に拠点をおく社会科学者たちとは一定の距離を保つ形で、東アジアの言語や文化を研究する学科に籍をおく。このような暗黙のファウスト

的妥結によって、戦後の学問的取引が完了したのである。(50)

こうして誕生したアメリカ合州国における新しいオリエンタリズムは、政府の政策に密接に結びついた官僚的な色合いの濃い学問だったが、それはかつてのオリエンタリズムから文化的な敵愾心、つまりサイードの言う、「オリエントとは根底において恐怖すべきもの（黄禍論、モンゴルの収奪、褐色の領域）であるか、あるいは統制されるべきもの（馴致によって、研究や開発によって、可能なら直接占領によって）である」というドグマを引き継いでいた。(51)

事象の収集や整理といった一見無害でおとなしそうなお題目のもとで、しばしば平和時における様々な特殊「地域」に関する「科学的」で「客観的」な知の生産が世界を標的とする軍事的把握を維持し精巧にする組織的実践となったのである。(52) 言いかえれば、高尚な知の探求という非政治的で中立的な性格を主張するにも関わらず、言語訓練や歴史学、人類学、経済学、政治科学といった地域研究という名のもとに行われる活動は戦争の政治的力学とイデオロギーに深く根ざしている。その点でいわゆる学問的知識の訓練も教育も開発も〈戦略的な〉ロジックの欠かせない一部なのだ。それにもまして、もし知識の生産が（狙いや目的を語る言葉とか、研究、データ分析、実験、証明といった語彙を伴いながら）戦争の科学的軍事的前提を共有しているのなら、すなわちかりに、たとえば難解な言語を翻訳する能力が軍事的暗号を解読する能力と同等のものと見なされるとするなら、(53) 他の文化を「知る」という表向きの試みにおいてそれが失敗を運命づけられていることはいまさら驚くに値するだろうか？　戦争と同様の基礎に基づく「知識」が破壊兵器の暴力に終止符を打つことなどありえるだろうか？　そのような知識とは戦争機械の共犯者にすぎず、それが標的とする命や生活を守るよりも破壊することが使命なのではないか？

知識がこのような自己言及的な仕方で作りだされているかぎり、すなわち他者を標的とし他者を取り込むという回路の生産によって、主権をもった「自己」であり「目《アイ》」でもある「私《アイ》」、すなわちこの場合はアメリカ合州国の全能と偏在を究極的に強化することが行われているかぎり、他者は標的として爆撃機によって破壊されるためにのみ存在を許される対象であり続ける他ない。私たちのアジア研究の焦点がアメリカ合州国にあるかぎり、そしてその焦点が現在も過去も他の地域で起きていることについての知識に伴われていないかぎり、そうした研究は結局のところ、原子爆弾の投下によって解き放たれた仮想的世界の自己言及的機能をふたたび確認することにしかならないだろう。そこではアメリカ合州国はつねに爆撃機の位置を占め続け、他者の文化は軍事と情報の目標地域として見られ続けるのである。このような形で、原爆搭載機の認識論的閉鎖回路に収まりきれない歴史的事象は――たとえばこの章のはじめに言及した反日的な視点からの中国の反応のような――それに見合った関心を向けられることがない。「知識」はどれほど良心的に収集されどれだけ浩瀚な書物にまとめられようとも、さらなる沈黙につながり、他者の多様な経験を黙殺することにしかならないのだ[54]。このことこそ、ハルトゥーニアンの言うように、地域研究がその創設期から「定義可能な対象の欠如」に脅かされ、「消滅していく対象という問題」に取り憑かれてきたことの理由の一つである[55]。

ハルトゥーニアンはさらに次のように主張している。地域研究がどれほど他者の言語や文化の研究に力やお金を注いできたとしても、それはサイードの的確なオリエンタリズム批判に応えて、真にオルタナティヴな知の生産様式を可能とする機会を失ってしまったのではないか、と。ハルトゥーニアンによれば、「サイードの著作は地域研究の使命に対する重要な知的挑戦であったわけで、それが受け入れられていたならば、冷戦の論理と国家安全保障の必要に依存することから解放された地域研究の再生につながっていたはず[56]」なのだが、その挑戦は地域研究を行う者たちにとってあまりに当然のこととなっていた国家政策に役立てるという意識に根底からそぐわないものだった。その結果として、サイードが試みた新植民地主義的言説と地域研究の歴史との関係づけは即座におとしめられ斥けられ無視されて、地域研究が向かうべき方向に大きな関係を持っていたはずの彼の批判も単に「英文学研究の分野に移動させられて、文学研究をアイデンティティとその構築の探求へと根元から改変する」役割しか果たさなかったのである。[57]

ハルトゥーニアンの示唆によれば、このことの長期的影響として、ポストコロニアル研究が地域研究のなかに理論的に埋め込んでいるはずの比較と領域横断と多文化主義の可能性を発展させる代わりに、言語の本質を脱構築したり、英米の文学研究にポスト構造主義の理論を合成したりする研究や、あるいは、世界の他地域における植民地やそれに類した歴史を探求するよりもかつての英国の植民地文化に特化した研究が主流になってしまったことが挙げられる。[58] 地域研究のほうはと言えば、サイードの呼びかけを無視したせいで、「自らの蛸壺的知識の領域に閉じ込められた[59]」ままでいる他なく、通常の規範にしがみつく学問や組織の構造の再生産に専念しながら、一九七〇年代以降北アメリカの人文学や社会科学を革新してきたポスト構造主義理論による刷新の動きに背を向け続けてきたのである。

すでに示唆したように、知識生産の基本様式として世界を標的とし続けることは排外主義であり、それは爆撃機によって視覚化される軌道を超えて他者の他者性に面と向かう能力の欠如に他ならない。未知のものを恐怖する者にとっては、この軌道を守り維持することだけに努力が注がれるべきであって、他者が標的とされる場所をつねに確保しておくことが必要なのだ。冷戦が終了しソヴィエト連邦が消滅すると、アメリカ合州国は戦争に代わるものを探さなくてはならなくなった。しばしば指摘されるように、麻薬や貧窮者、不法移民などが新たな標的とされ、それらはムスリムやアラブ、共産主義者（つまりキューバ、北朝鮮、中国本土）とともにあらゆる手段で「抑止」すべき究極の危険物という地位を獲得したのである。

しかしたとえそうでも、排外主義は自らに跳ね返ってくるだろう。標的となる場所に対するコントロールが利かなくなるというアメリカ合州国の不安、そしてそれによって自らの境界も脅かされるという心配があまりに大きくなると、爆撃はアメリカ合州国自体を標的とするようになる。その理由はすでに私たちには自明なように、一般的法則として他者を爆撃することが戦争を終わらせるもっとも有効な手段であり、さらにきわめて重要なことに暴力を終了させる暴力として道徳的正しさを主張する方策でもあるからだ。とすれば、アメリカ合州国が無能な指導者たちによって脅かされ弱体化していると考えられているときに、爆弾攻撃こそがアメリカ合州国そのものを矯正する有効な手段であると見なされても不思議ではないだろう。事実として、一九九五年四月一九日にオクラホマ市の市庁舎ビルが爆破されたとき、「外国人」による人種主義的陰謀がすぐに囁かれたにも関わらず逮捕された犯人はアメリカ合州国の軍人だった。物事を正すという至上主義に憑かれた者の手で、「他者」を標的にすることがアメリカの無実の男性、女性、子どもたちを標的とすることに変換され、国家の真ん中から暴力となって噴出したのだ。アメリカ合州国の歴史上、[60] 最悪の国内テロ事件であったオクラホマ市の爆破、それは世界が標的とされる悪循環がその源に回帰する、まさにそうした構図のなかでこそ起きた事件だったのである。[61]

第2章　言及性への介入、あるいはポスト構造主義の外部

　理論的言説がグローバルな領域へとますます広がるなか、周縁化された人びとや非西洋の文化に関する論議には、あるお決まりの動きが容易に見てとれるようになってきたのではないだろうか。つまり論者たちが西洋の理論に目を向ける際に、そうした理論が不十分かつ怠慢であって、ヨーロッパ中心主義的だと主張するという傾向がそれだ。その結果、特定の集団やアイデンティティ、民族文化（この章では議論のしやすさのためにそれらをXと呼ぶことにする）を議論する際に正当な対象となるのが、それらの歴史的・文化的・ジェンダー的な差異ということになり、さらにそれが理論的戦略として対立や抵抗について述べるための基礎となっているのである。認識上、Xに特異なもの、すなわちローカルで歴史に左右され、文化的にユニークなものが、西洋的理論に対するある種の挑戦を意味すると想像されており、それゆえ対抗、攪乱、批判といった語彙が頻繁に使われることにもなる。そうしたパターンが目立つ著者を特定することは控えるが、それはここでのポイントが理論的欠点を

あげつらって個人攻撃をすることにはないからだ。むしろ私たちがおしなべて直面している困難の見取り図を描くことのほうが生産的だろう。学者たちの知的生活は理論の存在、および過去数十年の理論に対する様々な反動によって深く影響されてきたのだから。

この本を通じて私は「理論」という用語を、ポスト構造主義によって導入されたパラダイム転換を画するものとして使っている。すなわちそれによって、言語、文学、文化様式の研究は意味の生産に伴う記号的営みに注意を払わざるを得なくなり、どんな意味も自然で無垢なものなどとは想定することができなくなった。もちろん大学の研究者たちにこれまで多大な影響を与えてきた他のタイプの理論もある。たとえばフランクフルト学派の学者たちの文化に関する批評や、様々な歴史主義や精神分析批評。社会学、人類学、ジェンダー理論。ヴァルター・ベンヤミン、エドワード・サイード、フレドリック・ジェイムソンといった大物たちの仕事。しかしおそらく、人間の意味作用の物質性に対する徹底的な拘りを持つポスト構造主義ほど、客観性や主体性をめぐる問いに私たちがアプローチする際に広範な影響を与えてきたものはないだろう。

ポスト構造主義理論がこの数十年間果たしてきた最大の功績の一つが、意味の安定性を徹底して揺り動かし、言及の構造に介入してきたことであるのは疑いない。意味なるものが理論の到来以前もけっして安定したものでなかったとすれば、ポスト構造主義理論がもたらしたのは、意味作用の連鎖によって反復する効果として意味が新たに定義されるようなメタ言語であり、それによってシニフィアンとシニフィエとのあいだの密な、しかし同時に幻とも言える照応関係がもたらされる、と論じたことだ。そのような言及関係は引き続き存在するとされたけれども、このメタ言語によって新たに問題とされたのは、意味の（移り変わる）基礎として批評的関心を引きつけずにはおかない意味作用の領域である。かくして「意味」はいまや恐る恐る引用符のなかに入れておくべき用語となったのだ。シニフィアンの物質性が強調されるとともに、差異のもつ決定機能も注目されるようになる。それは異なることと遅延という二つの意味合いによってさらに差異化されることで、意味作用の条件として同一化とアイデンティティに取って代わる。フェルディナン・ド・ソシュールの簡潔な陳述をここで思い出してもいいだろう。「言語には差異だけがある。さらに重要なのは次のことだ。すなわち、差異は普通それが設定される実在の項を想定するのだが、言語においては実在の項がなくて差異だけが存在する」。「言語とは形式であって実在ではないのだ」[1]。差異に注目することによって確かな意味について簡単に言うことはできなくなる。かくして知的把握がつねに遅延と繰り延べを含んだ差異の運動の効果として理解されることによって、かつての認識論的根拠（と根拠の確かさ）を信じ続けることは不可能となるのだ。その代わりに（言語的）アイデンティティの概念は構造的に決定されるものとなり、複数の（言語的）シニフィアンは互いに依存しあいながら、意味を形づくる生産と再生産を行う。差異はいまやアイデンティティに従うものというよりは、アイデンティティに先立ち、それを定義するものとなるのである。

　理論の変転を考えるときにはいつでも、ポスト構造主義による言及関係の画期的な非神聖化がもたらした衝撃を認める必要がある。言及性を括弧に入れて考えることが決定的に重要なのは、安定した言及関係がしばしば「現実」に対する保守的な拘り、すなわち現実なるものが言語や意味作用から独立して不変に存在すると見なす発想を導き出してきたからだ。さらにこのあらかじめ想定されている「現実世界」は、言語と意味作用に関して超越的な真実なるものの価値を付与し保証する権威をも多くの場合に与えられている。よってこのような実存をめぐる形而上学を解体することは、知ることと事実とが直結している伝統的な想定に基づいた学問領域（たとえば一部の歴史学のような）ではきわめて有効なのだが、同時にそれは知の対象が自然に存在することがほとんど疑問視されない領域においても革命的な影響をもたらす。（言語による）意味作用がまずもって自己言及的であるという意識を私たちに強力に植えつけることで、ポスト構造主義理論は知の生産という営みの背後に埋め込まれたイデオロギー的前提を再考する道を切りひらいたのである。

このように西洋的ロゴスの前提に挑戦することによって、ポスト構造主義理論は現代の西洋的認識論の地平において、他者に関わるある特殊な書記のありかたとして、西洋的思考自体の内側からそれ自身の自律的な地位を主張する比喩性を確立するにいたった。ポール・ド・マンが文学の領域について書いているように、

文学テクストの解釈が非言語的な、すなわち歴史や美学的考察にはもはや基づかないものとなって、はじめて文学理論が誕生すると言える。……つまり議論の目的が意味とか価値ではもはやなく、意味の生産様態や意味の受容、ないしは意味の確立に先立つ価値になる。そうなると、その

ような意味の生産が多くの問いをはらんで、その可能性や位置を問うための自律的な批評の営みが必要とされるようになるのだ(2)。

ド・マンの著作と左翼の政治思考とのあいだには大きな不協和音が存在すると主張する向きもあるだろうが、ド・マンが言語の物質性に注意を促したことは今日からみれば、ある種の認識の政治学の主張であって、謂わば言語が彼のような批評家の口を借りて、次のように言っているに等しい――「私を見て！　私を見て、私が何ものなのかを承認してほしい！」言語がこのように具体的な営みを体現していると主張することによって、ポスト構造主義は実際マルクス主義と重要な親近性を持つ。西洋社会の内側から反抗のために呼びだされた被抑圧者、つまり（論理から文法、レトリックにいたる）認識の場の安定を問いに付し、その生産物を領有しようとする者とは言語そのものに他ならないからだ。ポスト構造主義理論家の手によって、言語は筋肉をきたえ、思考への従属という鎖を断ち切って、象徴的な充足と認識論的自足という古の幻想に疑問を呈し、言語を単に言葉にすぎないとして黙殺してきた習慣を拒絶する。かくしてこの理論的革命によって、西洋的ロゴスに内在する原初の差異とも呼ぶべきものが回復されるのである。マルクス主義との比較をさらに押し進めれば、言語の地位は移民労働者のそれ、植民化された「外人」のそれに似ていなくもない。彼ら彼女らは自らの重労働によってホスト社会を保つのに不可欠な役割を果たしてきたにも関わらず、その存在が無視され続けている。影のなかに留まる代わりに、この外部の存在がいまや自分を見てほしいと要求しているのだ。

こうした文脈において言語的物象主義を信奉する者たちはポスト構造主義理論をその批評的著作において追求することによって、コミュニケーションの道具として言語が持っている透明性、すなわち目に見えずとも自律的に機能する性質を期待し主張する者たちとの常なる戦いに巻き込まれることになった。この種の「常識」に対抗してポスト構造主義者たちは、まさにそのような期待こそが言語の物象性（つまり言語の働き）を否定し続けているのだという攻撃を展開する。そのような物質性を否定することがもはやあってはならない、そのための根拠としてポスト構造主義者たちは次のような諸原則を重視する。

一、言語の透明性に関するあらゆる想定は、イデオロギー的思考として徹底的に脱神秘化されなければならない。

二、言語の働きを否定し、「自然」「本質」「アイデンティティ」「起源」といったものを信じさせようとするいかなる試みも注意深く脱構築されねばならない。

三、言語の働きはけっして完結することがなく、時間性（さらには、そこから派生する差異）という、ゆっくりとしてはいるが確かな運動から切り離すことはできない。

四、（ポスト構造主義）理論一般に対するあらゆる抵抗は自らの理論的想定へのある種の盲目性の兆候である（「［理論への］攻撃は被告の罪の意識の現われというより攻撃者の不安を反映している」)[3]。

今の時点から振り返ると、ポスト構造主義の批判的思考によって担われてきた力がもつ特殊な性質を認めることが重要であることがわかる。この力がもっとも顕著に認められるのは、このような思考が最大の力を発揮する地点、すなわちそれが否定する力をもっとも如実に示すときだ——あらかじめ与えられた文字どおりの意味に対する根底からの不信。言及や指示関係に対する徹底した否定と遅延。意味論的な自己認識を欠いているように見える言語の使用を執拗に暴きだすこと。このような諸原則に挑戦しようとする者を自らの神秘化の犠牲者として即座に非難し排除すること[4]。

グローバルに進行する道具主義的思考(言語の地位低下をもたらしたものがこれだ)を邪魔だてしようとするポスト構造主義理論のシジフォス的苦行、こうした試みのなかに私たちが見いだすのは、前衛的で精巧な政治的・美的意図を持ちあわせたロマン主義的モダニズム盛期の遺産がいまだ執拗に残存しているという事実である。(この点で考察に値するのは、ド・マンにとって英独仏ロマン主義者が、そして初期のジャック・デリダにとってはニーチェ、ハイデガー、レヴィ＝ストロース、アルトーといった人びとが重要だったことだろう。)言語の不透明性、曖昧さ、不可知性といった盛期モダニズムの芸術や文学の目立った特質は、リアリズムを忌避し、模倣的表象を嫌うという点で、多くの脱構築的な批評的著作にも共通する特徴だからだ。ポスト構造主義理論の場合、そのような特質はオルタナティヴな詩学や美学の試みに留まらず、大西洋の両側における一九六〇年代の社会運動の多く（反植民地主義、フェミニズム、市民権など）におけるような人びとの意識の覚醒を目指す反体制的な政治運動のしるしだった。同時にまた、こうした観点からポスト構造主義理論は二〇世紀後半の盛期モダニズムの一形態と見なし得るがゆえに、それは盛期モダニズムが抱えていた矛盾にも侵されている。盛期モダニズム同様、ポスト構造主義理論は大衆のためのものであることに憧れつつ――たとえそれが言語という「外部の他者」によって大衆がつねにすでにその基盤を暴かれ掘り崩されていたことを警告するためだけにせよ――大衆の多くがけっして理解しえないだろう仕方で語り、かつ書かざるを得ない。堪えがたい体制（西洋のロゴス中心主義と、ド・マンの言い方によれば「イデオロギー的逸脱」(5)）を転覆しようとする行いとして開始された革命的な読み書きの実践として、言語（という名のプロレタリアート）が働く実際の仕方を真正に反映する民主的な秩序を目指しながら、それはポスト構造主義がもっとも密な戦いを展開してきた問題そのもの（言語）においてまさに失敗し、その哲学的前提とは全く逆にポスト構造主義を人民の敵に仕立てあげてしまったのである。究極的にポスト構造主義理論はこのような解決することのできない矛盾に貫かれており、そこには革命的希望と実際の運用面における「エリート主義」との超えられない溝が横たわっているのである。

かくしてポスト構造主義は根本的な革新を目指していたわけだが、多くの批評家はそれを利用することで様々な社会的・歴史的な文脈における差異やその解放的な可能性を試してきたと言える。たとえば言語的意味作用の不確定性を人間主体の流動性へと翻訳することで、個人主義の伝統に対して意味論上の差異化が自己の多様化を意味すると論じること。今日アイデンティティの政治学と呼びならわされているものは、人格や主体性、アイデンティティ形成につきまとっている本質的概念を批判し問いに付すことから始まるのが通例だ。[6] このように高等な理論を利用して（差異化という主題を使うことで）自己のアイデンティティをより平等な形で探求しようとするのは、多くの場合正しいことだと言えるが、同時にそれはいくつかの問題を未解決のまま残してしまう。この点で私は、単に反本質主義的な差異化をひたすら遂行するだけでなく、ポスト構造主義の起源にある言及性の拒否とのつながりにおいてそうした営みを再考することが重要だろうと考えている。言及関係を拒絶するとき、いったい何が起きているのか？　そのことでどんな問題が生じてくるのだろうか？

（ポスト）構造主義的幽閉？——無敵の神話

こうした問いに答えるために、まずロラン・バルトが一九五〇年代に書いた小さな本『神話作用』を振り返ってみるのが有益だろう。[7] この本はフランスの戦後（と帝国後）における日常生活の近代化を論じて、そのイデオロギー的側面を探った研究だ。[8] この本の理論的部分でバルトは彼が神話と名づけるものの系統的な分析を行っているが、それは今日の用語で言えば、意味作用の多様な領域の接合場所とも呼べるものだろう。つまり、意味が適正な一つの領域に安定して留まる代わりに異なる領域のあいだを動き、ずれていく能力を持つことによって、二重性や曖昧さ、変装、輻輳といった様々な機会が提供される。バルトによれば、このようにシニフィアンが自在に形を変える能力を持っていることが、固定的な言及性という概念がもはや通用しない理由である。しかし私たちのここでの議論からすれば、バルトが（この変幻自在な能力を捕らえようとして）行う意味論的分析よりは、そうした分析につきまとう二つの相反する契機のほうが、今扱っている問題の複雑さに迫る大きなヒントを与えてくれる。

第一の契機は「盗まれた言語としての神話」という単元に見いだすことができる。そのなかでバルトは、神話の力を自らに対する抵抗さえも含めてあらゆるものを吸収し再包摂する能力と定義する。「意味が神話にとって侵入するにはあまりに多すぎるときには」と彼は書いている、「神話はそのまわりを迂回し、身体的にそれを運び去ってしまう」（Roland Barthes, *Mythologies*, p. 132〔ロラン・バルト『神話作用』一七三頁〕）。とくに興味深いのはここでバルトが提示している例だ。ここでバルトは（私が序と第一章で論じた）テクノロジーと文学の興隆という問題とも響きあうように、現代数学の言語と前衛詩の言語について次のように述べている。

〔数学的言語は〕それ自身歪められてしまうことはなく、解釈に対してあらゆる可能な抵抗を試みる。よってどんな寄生的な意味作用もそのなかに入り込むことはできない。そしてこれがまさに神話が意味作用をまとめて持ち去ってしまう理由である。それはある特定の数学的公式〔$E=mc^2$〕を取り上げ、この変更不能な意味から数学性という純粋なシニフィアンを作りだす。（*ibid.*〔同前、

一七三―四頁〕）

現代の詩は……記号を意味へとふたたび変形しようとする。その理想は究極的に単語の意味に届くことではなくて、モノそのものの意味に到達することである。……だから現代詩は言語を曖昧にし、概念の抽象性と記号の恣意性をできるだけ増幅させてシニフィアンとシニフィエとの絆を極限にまで引き伸ばそうとする。……詩は神話が占める位置のちょうど反対側の位置を占めている。神話は自らを事実に基づくシステムに昇華しようとする企みをもった意味論的システムであり、一方、詩は本質的なシステムになろうとする企みをもった意味論的システムである。

しかしここでも、数学的言語の場合と同じように、詩によって提供される抵抗こそがまさに神話にとって詩を格好の獲物とするのだ。記号の秩序が欠けているように見えることが詩に本質的秩序をもたらしているのだが、それが神話によって捕らえられ、それが空虚なシニフィアンに変形されることによって、詩を意味する役目を果たす。……詩は激しく神話を拒絶することによって神話に屈服して手も足も縛られてしまうのである。（*ibid*., pp. 133-4〔同前、一七五―六頁〕）

こうした例が示唆するように、神話作用というプロセスは現代の言語体験や言語をめぐる力学にきわめて内在的なものであるから、（抽象的な記号を使うことができる）現代数学も、（具体的な言語に頼らなくてはならない）現代詩も共に神話作用の危険にさらされ、それに抵抗しようという試みを行ってきた。さらに重要なことは、どちらの場合も抵抗が大胆な曖昧さ、排外性、不可知性といった形式によって行われることによって、数学や詩の素養のある者にしか近寄れないようにあらかじめ内容を守っていることだ。しかしバルトが指摘するように、そのような抵抗がどれほど精巧かつ用意周到に準備されていたとしても、神話を遠ざけることはできない。神話はもっとも激しく抵抗するものも、いやむしろ抵抗の激しいものであればとくに、捕らえてしまう方法を持っているからだ。「神話はすべてに手がとどき、あらゆるものを腐敗させ、それを拒否しようとする行いさえも犯す。言語的対象物が抵抗しようとすればするほど、その屈服の度合いは大きくなる。完全な抵抗を目指すものほど完全な支配を受けるのだ」（*ibid.*, pp. 132-3〔同前、一七四頁〕）。

私がここで注目したい第二の契機は、感性において最初のものと全く正反対のものである。この第二の契機でバルトは、自然や田舎に対するある種のロマンティックな気持を吐露しているからだ。それは言ってみれば、彼が本の最初のほうでかなりの熱意をもって分析している都会の人工的な対象とは全く反対のものである。私たちはこのようなバルトの記述に「左翼における神話」と題された単元で出会う。ここでバルトはこれまで披露してきた神話の支配的な働きに反するように、驚くべきことに神話的でない一種の言語が存在すると主張する。それは現実をイメージとして保持するよりもそれを変形する「作り手としての人間」の言語である（*ibid.*, p. 146〔同前、一九三―四頁〕）。誰がこのような政治的な、そして非神話的な言語を語るのか？　ここでもバルトの挙げる例はきわめて示唆的だ。「もし私が木こりであるなら私は自分が切りたおそうとしている木を名づけるようにと導かれる。つまりどんな形式を私の文がとるにせよ、私は『木を語る』のであって、木について語るのではない。……木と私自身とのあいだには、私の労働しかなく、つまり行為しかないのだ」（*ibid.*, p. 145〔同前、一九三頁〕）。バルトはこれを「木こりの現実的言語」とよび、それが「被抑圧者」に与えられた本物の言語であるとする（*ibid.*, pp. 148-9〔同前、一九六―七頁〕）。

このように物質的に貧しく不毛であるがゆえに神話から自由な言語があるという主張はかなり居心地の悪いものだ。なぜならバルト自身の意味論的読解方法に反して、そこには安定していまだ汚されていない意味の源泉、すなわち確固とした言及関係に基づく感性の構造が残存しているからである。そしてこのような感性の構造にありがちなように、こうした身振りは特定の人びと、すなわち子ども、貧農、プロレタリアート、先住民、難民、貧窮した者、打ちひしがれた者、被植民者、サバルタンなどといった人びとに対して向けられる。だからバルトが木こりとその木という田舎の情景に言及したのも偶然ではないのだ。バルトはその分析的洞察力にも関わらず、驚くべきことに木こりと抑圧された者たちに媒介を要しない言語との関係を読み込む。バルトの言葉を使えば、彼らの言語は「他動詞的なタイプの発話」なのだ（*ibid.*, p. 148〔同前、一九七頁〕）。その関係がバルトによって（ブルジョワ的神秘化のプロセスへの）政治的抵抗へと読み替えられ、そして真実そのものとされるのである。

言及性がこれほどまでに根本から疑問に付される状況のなかで、バルトによる神話解釈はきわめて今日的な意味で多くのことを開示してくれる。今述べた二つの契機は、それぞれが最終的には自らの論理を裏切ってしまうような議論の二極を表わしていると言える。一方でバルトは神話が専門化された言語に及ぼす脅威について説明しながら、言及性を無期限に遅延させる意味論上の運動、すなわち神話自体の強固さを構成している働きが持つしたたかな性格を肯定する。かたや彼は、最終的に「意味」の確かさを解体してしまうような運動を深く理解しながらも、木こりの話を持ちだして言語なしで直接「話す」ことができる真実の存在を喚起することによって意味を再導入するのだ。どうやらバルトが言おうとしているのは、もし神話的な意味作用が逃れられない牢獄のように機能するとしても、その呪いは奇跡的に都会とは無縁の労働者――彼にとっては言及性が、つまり抵抗がいまだに有効だ――によって破られるだろう、ということらしい。

（ポスト）構造主義的な（意味の）監禁とも呼べる事態に関する議論のただなかで、木こりの姿が根本的な謎の指標として立っている。神話の遍在性と普遍性に対して木こりはある種の自由を保持しているというのだ。謂わばそれは外部にアクセスする自由だが、この自由、すなわち外部との近接性はすでに神話の遍在性と普遍性によって信用を損なわれている自由に他ならない。ということは、この「木こり」は自らが非物質的な存在であることを示す兆候、彼を「想像」し続けることしかできないシステムから自分自身をあらかじめ閉ざしてしまったものの記号として、謂わば非場所のなかでユートピア的に浮かんでいるにすぎないのではないだろうか？

ポスト構造主義的遅延——時間性としての文学の働き

この根本的な謎が何を意味するのかを探求する前に、言及性を括弧に入れることから即座に生みだされる必然の結果、すなわち研究対象という概念の根本的改変について述べておきたい。バルトの『神話作用』は言及性を括弧入れすることが社会的にどう機能するかを示し、それが（フランスの）プチ・ブルジョワ大衆文化における物質的な欲望の際限のない生産とどう関わるのかを探った本だが、文学研究の分野では言及性を棚上げすることは研究対象をどのように定義するのかという学問的な問いとして提起されてきたからである。

文学性というおなじみの問題、何が文学にとって特有なのかという問いを考えてみてもいい。本書の序で示唆したように、フーコーにとって近代における文学の登場は転落の物語であって、言語が歴史的に作りあげてきた機能に内在する分裂と断片化の結果である。文学に関するフーコーの抑圧仮説は脇に置いておくとして、文学とはいったい何で「ある」のかというこの一般的な問いを、まさに言及性をめぐる問いとして問いなおすことができよう。すなわち、文学とはいったい何に関するものなのか？　それが言及するものは何か？　それが表象する「現実」とは？　以下で論じるように文学に関するこうした拘りは驚くほどアイデンティティをめぐる今日の文化の政治学と親近性を持っている。この問題へのアプローチのなかでもよく知られた試みのいくつかを復習しておこう。

マルクスとエンゲルスによる文学的著作と美的表象に関する議論はこうした試みの好例である。というのも社会革命と改変を目指す政治実践に対する彼らのより一般的な関心という文脈にその議論が置かれているからだ。フィクションの創作に関しての助言を著者に与える形でマルクスとエンゲルスが、次のようなやや驚くべき発言を行っていることを思いだしてほしい(9)。理論的には前向きだが、彼らは著者たちに文学を、登場人物が革命的教条の単なる代弁者としてしか機能しないような社会的プロパガンダにしないよう警告する。「問題の解決は」とエンゲルスは書く。「状況から明らかとなるべきで、いちいち明示しなくても行動自体から見えてくるべきものだ……著者には自分が描いている社会的闘争が将来どのように歴史的に解決されるべきかを読者に提供する義務はない(10)」。この短い言明のなかに埋め込まれているのは、理論的言説と文学的言説とに表現として本質的な違いがあるという直感であり、ほんらい間接的であるべき文学言説がプロレタリア的意思の直截な表明になってしまえば退屈で凡庸となるばかりだという見方である。たとえ犠牲者のために正義がなされるべきだというあからさまな主題があろうとも、マルクスとエンゲルスの意見では、文学は読者の同情をまともに買おうとしないほうがより効果的に仕事を果たせる。文学という仕事のやりかたは、たとえそうすべきだと感じているときでもそれを明らかには語らないこと、つまり合理的な議論の明確さや直接性とは正反対であるべきで、「著者の意見が隠されていればいるほど、芸術作品というものは良くなる(11)」。言いかえれば、変革をもたらすのに全く違う種類の力学がここにある。デヴィッド・クレイグがこの点を次のように端的にまとめている。

たしかにもし文学が行動に影響して誰かの人生を変えるのなら、それはどうやってそうすべきかのレシピを手渡すことによってではなく、私たちを感情的、精神的にかき乱すことによってだろう。なぜなら文学は私たちを見いだしてしまうからだ。そのような一連の体験とそれに伴う出来事のあとで私たちは「何かをなすべきだ」という衝迫にかられる、あるいは少なくとも「何をなすべきか」（これがチェルニシェフスキイ、レーニン、シローネによってなされた偉大なる問いだ）と自らに問うようになるのである。[12]

こうした議論で今でも注意に値するのは、少なくともマルクスとエンゲルスにとっては文学的言説独特の特徴のように思えた作品の間接性という捉え方だろう。彼らが政治的信条として社会的改変と革命が必要であると主張していたことを考えれば、これは驚くべきことではないだろうか。つまりその信念は文学的著作に関する彼らの観察とは全く正反対の、直接的で明白ではっきりとした表現にならった言説に基づく。それにも関わらずマルクスとエンゲルスの政治理論は、文学の生産がそこにある何らかの現実を機械的に映しだすものに切りつめられることはできないことを認識していた。文学がどのようなものに「関する」ものであれ、そのような言及性は定義上、直接的な宣言によってではなく、一歩退いた形でなされるのだ。[13]

その後の論争において文学の間接性をより洗練された形で主張し続けたのは（政治よりも）形式のほうに大きな関心をもった批評家たちであることが多かったのだが、ただしこの間接性は違った言葉で理論化されるようになった。たとえばロシアのフォルマリストたちは芸術や文学の異化効果――芸術が見慣れたものをその「作られた芸術性」に注意を促すように見せる力、あるいは形式を壊すことで読者を驚かす能力――を定義しようとするなかで、伝統的な言説の内部にある種の断裂や隔たりを見いだす、あるいは作りだす試みを行った、と理解することが今から振り返ればできるだろう。このようなショッキングで異化をもたらす効果は、芸術や文学の表現に特有のものと言える。ここでもそうしたショックや距離感は直接的表現の領域にはなく、感覚によって感得される差異の問題である。そうした差異が微妙な形で把握されればされるほど芸術性や文学性という効果が高まる、そのかぎりで芸術が何を対象とするかは二次的な重要性しか持たないのである。

英米における二〇世紀の文学理論の前衛を代表していたのはニュー・クリティシズムの批評的潮流であり、それは精読を通して文学作品の特異性を読み解くことに専念する。ニュー・クリティシズムの目的と実践とのあいだに矛盾があるという指摘はこれまでもよくされてきた。一方でニュー・クリティシズムは、文学作品を自らの規則だけに従う自己充足した世界の模範として他から切り離すような完璧で閉ざされた読解を行うというノスタルジアに満ちた欲望を抱いている。(14) しかし、他方では、そうした欲望が実行に移されると皮肉にも曖昧な意味の深淵が開かれてしまう――こうした矛盾こそ、ポール・ド・マンのような脱構築を奉じる批評家によれば、ニュー・クリティシズムの思わぬ自己解体の要因となったアポリアなのである。

ド・マンはこのことを示すのに、時間性という次元を再導入する。延期、繰り延べ、遅れといったことが文学的言説の理解には必須だからだ。「こうした時間的要素は徹底して無視されてきたわけだが、文学形式がつねに完成へと向かいつつある過程に他ならないということを我々に思いださせるはずである」[15]。ニュー・クリティシズムがいまだに文学作品を時間とは関係のないところで読もうとして、作品の有機的な全体性を尊ぶイデオロギーによって時間性を忘却し無視しようとする読解であるとすれば、脱構築は時間の影響を言語の否定的な契機として強調することによって文学の特異性を際だたせようとする。ド・マンの手にかかると文学の間接的性格に迫ろうとするこれまでの試みは思考を刺激する新たな理論的解釈となって、時間的差異がもともと持っている構成的役割が注目され、テクストの存在と十全さがつねに掘り崩されていく。もし文学が間接的で異化効果をはらみ、曖昧でアイロニーやアレゴリーに満ちているとするなら、つまり言いかえれば文学がけっして単純に言及的でないとするなら、それは人間の言語的意味作用が時間性のゆっくりとした、避けられない働きによってつねにすでに媒介されているからなのである。

しかしながら、時間性の把握だけで言及性の地位低下を十分に説明することはできない。たとえば高名な人文主義の文芸批評家であったエーリッヒ・アウエルバッハのことを思いだしてみれば、モダニズム的な文学表象における時間感覚の推移を彼は熱意と気魄を込めて説いていた。それにも関わらず、私たちの生には多様性のうちにも何か共通のものがあるという基本的考えをアウエルバッハは疑うことがなかった(16)。ポスト構造主義の差異を重視する視点からすれば、アウエルバッハの『ミメーシス』の最後にある次の一節は、とくに彼が行ってきた繊細な精読を考えるときわめて驚くべきものだ。

搾取されていればいるほど、我々の生活が共通して持っている基本的なことがますます明らかになる。数が多く、多様で単純であればあるほど、人は偶然に左右されやすく、そのなかで共通している要素が光り輝くのだ。このように人びとに対して偏見なしに見るような表象においては、表面上の違いはあっても、人びとの生活様式と思考形式とのあいだの差異がいかに少ないかを知ることができるだろう。今では社会階層やそれぞれに異なる生活様式は混じりあうようになり、エキゾティックな先住民などもはや存在しない。一世紀前なら（たとえばメリメだが）コルシカ人やスペイン人もまだ珍しかったろうが、今日ではパール・バックが描く中国の貧民でもエキゾティックとは言えないだろう(17)。

アウエルバッハは文学や表象における時間性が変化してきたことを理解しながらも、人間の現実とも呼ぶべき普遍的な何かがあると信じる彼にとって、言及性そのものは問題ではない。模倣としてのミメーシスとはそのような人間の現実にアクセスする方法にすぎず、アクセスの過程そのものが問題にされることはないのである。

よってポスト構造主義理論による貢献は、時間性を取り上げたことに留まらず、時間がそれ自身と合致しないという主張にもある。発話と書記のあいだで、記号と意味のあいだで、創作と現実のあいだで繰り返されるズレと内在する不調和、これこそがポスト構造主義の批評家にとって脱構築とはきわめて厳格な歴史的プロセスだと主張し得る根拠となるのだ。ジェフ・ベニントンが書いているように、「脱構築は現在がそれ自身と一致しない必然性を主張するかぎりにおいて、実際想像し得るもっとも歴史的な言説である」(18)。マリアン・ホブソンによれば、歴史としての脱構築の要点は十全たるアイデンティティがけっして可能ではないということにあり、そのような可能性そのものが複数あると主張することにある――「アイデンティティを不可能にしているのは痕跡であり、軌道である。しかしこの不可能性自体が複数であって単純ではない。それは単なる否定、単純なアイデンティティの不在ではないのだ。それどころか、痕跡、自己との合致の欠如は不可能の複数性であり、いくつかの否定の断絶である」(19)。伝統的な歴史学が言及対象を事前に想定することで批判されうるとすれば、脱構築の対応は歴史が差異化という永遠に自己を掘り崩すプロセスのなかにこそ存在するというものだろう。そうした過程のなかで、時間の運動がその力を発揮して、終わりを(目的をも)見えなくさせてしまうのである。

ポスト構造主義的なアイデンティティの力学

こうした自己存在の（時間的および存在論的な）欠如と、歴史性としての差異化との連合の可能性、それが当初それほど記号論やメタ言語の改良に関係がないと思われていながら、実は文化や集団のアイデンティティといった実体験に関わる問題にも深く結びついた知の生産領域に、ポスト構造主義が大きな影響を与えた最大の理由の一つである。差異、アイデンティティ、価値、恣意性、因習、システムといった構造主義言語学や記号論の基礎的な考え方が、狭い意味での言語の領域をはるかに超える意味合いを持っていることを理解するのは難しくない。知の対象の括弧入れと時間性をはらんだ意味作用プロセスへの注目、ポスト構造主義がこうした関心を導入したことで、たしかなアイデンティティなるものを――認識論的なものも、主観的なものも、集合的なものも――もはや当然のこととして受け入れることはできなくなった。だから差異に注目するポスト構造主義のメタ言語が、実存的なアイデンティティがきわめて重要とならざるを得ない多文化主義やポストコロニアリズムやエスニシティといった探求分野で頻繁に使われることも当然のこととなる。こうした互いに関係しあった研究分野はアメリカ合州国の大学でとりわけ盛んだが、そうした領域において戦後の脱植民地化の時代に対する左翼の知的対応が――それは一九六〇年代の「フランス産の理論」として開始された対応なのだが――ようやく完結したのである。

もしそうなら、こうした探求領域において非西洋の主体や主題が西洋の理論に対して「抵抗力を持っており」、それを超越しているといった言い方が繰り返しなされるのはどうしてだろうか？　すなわち西洋のものでない対象は西洋の理論がいかに優れていても根本のところで（そしてしばしば対立して）その理解の外にある、というわけだ。三〇年か四〇年前なら、西洋に対するこのような両価値的な態度がなされたとしても、そこで理論そのものが問題になることはなかった。しかし今日、学術誌や学会、論文集、単著などを見ればわかるように、トランスジェンダーの力学や第三世界のメディア、ポストコロニアル的都市の風景、文化翻訳といった派手な話題をあやつる学者たちが西洋の理論を一つか二つは使うことが当然とされているだけでなく、古代における特定の詩とか物語の専門家までもがそうした研究対象の比較を超えた特異性を論じるために西洋的理論の背景を把握していることを証明しなくてはならない。このように西洋理論のヘゲモニーが疑いないものとなっているのに、どうして抵抗することへの呼びかけが――「我々は違うのだ！」と述べるきわめて多様な主張が――これほど執拗になされるのだろうか？　このような主張にはいったいどんな効果があるのか？

もし文学作品における差異を探ることが文学の特異性の根拠を示すことにあるのなら、つまりそれが文学なるものを多文化主義とは全く異なるものとしている本質的な特性を持っている対象であると定義するためであるのなら、そうした探求の結果として、皮肉なことにこの「対象」の解体がもたらされる。文学を間接性として理解する（マルクスやエンゲルスにおけるような）一九世紀の解釈から、(脱構築の批評家による)文学が自己と齟齬をきたすことを主張する二〇世紀末の見方を経て、文学という対象領域は理論的に矛盾をきたすものとなってしまったように思える。つまり「それはそれがつねにそうではないものである」という、まさに具体的な定義の時点で自己否定の契機をはらんでしまうからだ。

こうした自ら以外のものとなるという、時間性を介することで文学に特有のものとされている能力は、思いもかけないことに私たちをバルトが解析した神話の牢獄的論理へと連れもどす。この論理は捕らえ拘束するばかりか、ずらし遅らせもするからだ。実際この論理の二側面は互いに区別できない。捕らえ拘束するもの――逃れようのないもの――は、無限にずれて遅れる、そのようなつねに変化する傾向に他ならないのだから。逆に、留まることなく崩れて遅れ、結末がつねに開かれてあるものも同様に、終わることなく永続化され延長可能であるがゆえに、予測可能な条件となる。すなわち、文学的対象を定義しようとする必死の努力によって逆に、文学のあらゆる特異性は時間性という差異によっていつでも断片化し解体されてしまうことが示される。それとともに、この対象化の不可能性(のメタ批評的ポイント)がいったん把握され、それが反復されることによって、こうした認識は(実存の)形而上学のごときものに化してしまうだろう。つまりそこでは、言語や意味作用が原初の起源とされ、謂わば出口の全くない、神か悪魔のような根源的存在が想定されてしまうからである。

さてこの時点でXに関する研究を考察してみよう。Xとはこの章の最初で述べたように、西洋の理論の介入を誘うと同時にそれに抗うような存在感を示す領域のことだ。文学の場合と同様、まずXを何らかの特性を帯びた対象として定義することから始めてもよい。しかし文学の例で見たように、このようなXの特異性を見いだそうとする試みは、差異化のプロセスに始まり、ついにはXが解体されて安定した指示対象としての位置を失ってしまうことにいたらざるを得ない。このような理論的教訓ないしは予想をもってすれば、Xそのものは結局存在せず、文学と同じく、Xも永久にずれ続けて自己と同一化することのない関係であると結論づけるべきではないだろうか？ となると、たとえばアフリカ系アメリカ人、アジア系アメリカ人、ゲイ、レズビアン、あるいはトランスジェンダーの人びとの特異性など存在しないと主張することはいったいどんな理論的波紋を呼び起こすだろうか？ そのような主張はポスト構造主義による遅延の論理には忠実であっても、西洋、非西洋を問わず社会を構築している人種や階級、ジェンダー、エスニシティの階層的力学に意識的であろうとする人びとには堪えがたいものだろう。日常的に継続する様々な形態の社会的不正義に対して存在の自律性をもって現実に闘おうとしている多くの人びとにとって、文学における指示対象と同様、こうした場合にもXが存在しないなどと考えることは不可能な話だ。しかし逆にXがそこにある現実で、その経験的実在は全く疑いようもないと主張すること、それらが高等理論の非現実的な想定に対する抵抗のまさに核であると言い張ることも、理論的にナイーヴすぎて支持することはできない。

理論が大きな力を得た今日、私たちが直面している困難をまとめれば次のようになろうか。周縁に置かれた領域を研究する者は自分が探っている対象の特異性を主張しようとして、独立心と誇りとから西洋理論に対する抵抗や不信を言葉の上では表明する。しかし彼ら彼女らが抗ったり不信を抱いたりしているものとはいったい何なのか？　こうした領域の研究者たちが自らの対象の重要性を言い立てれば、自分が標榜しているはずの批評的立場に反して、本質的なアイデンティティを解体させてしまうというポスト構造主義的な差異化をまさに発動させてしまうことが避けられない。事実、差異化や遅延こそは彼ら彼女らが西洋理論を攻撃するときの戦略的武器なのだから。つまり西洋理論を批判しながらも、こうした研究者は指示対象との関係における意味を括弧に入れることで、西洋の理論がもたらしてきた大きな貢献を利用していることになる。もし本当に効果的な仕方で議論しようとするなら、これらの人びとは自分たちがもともと基礎としている（ポスト構造主義的差異化という）理論的想定そのものを疑い廃棄しなくてはならないはずである。[20]

　言いかえれば、Xの特異性を前面に押し立てようとすることは、たとえそれがポスト構造主義理論に不信を突きつけることであっても、かつて文学の理論的探求にまとわりついていた問題や要件そのものを再生産してしまうことになりがちだ。フーコーが近代における文学の興隆について問題にしたことが思い出されるが、文学と同じくXも見慣れないもの、伝統的な期待からはずれるもの、規範を乱すものといったことに対して否定的に構築される。つまり、差異化、遅延、抵抗を介した特異性を主張しようとする動きを否定することがXを構成するのである。また文学を定義しようとする試みと同様、Xを定義する試みも対象化のプロセスによって自らの対象自体を破壊する運命にある。さらに面倒なことにXの表象がこのような理論的用語によってしか認識できないとするなら、Xと高等理論とのあいだには結局本質的な違いなどない、ということにならないだろうか？　どんなに歴史的特異性を帯びていてもXは高等理論によって描かれた軌跡のなかでしか認知されないのだから。

ということはXを抵抗の場として使おうという批評家たちは、神話の記号論的分析のただなかで木こりの発話を持ちだすバルトと似ていることになる。バルト自身の考え方から判断しても、この木こりの姿は謎めいていると言わざるを得ない。すでにあらかじめ否定されている外部からいきなり登場してくるのだから。同様に、Xの存在を常識的には肯定せざるを得ないとしても、その「存在」がそれを支える論理によって予期されると同時に否定されるXは、理論的に場違いであるように見える。Xとポスト構造主義理論とのこうした生存と死滅をかけた厄介な関係、まさにこれがポスト構造主義理論の再考に求められる（袋小路としての）接点であり、それは記号論的、時間的差異化によってではなく、私の見るところ、理論の言及性に対する介入という観点から再検証されるべきなのである。

外部というパラドクス

意味の生産においてあらゆる外部の決定項（への信仰）を否定するという革新的な考え方は、今日にいたるまでポスト構造主義のもっとも根本的であるがゆえに多くの議論をよんでいる介入である。そのために明らかなことを繰り返す危険を冒してでも、その基本的な構造、すなわち（二つの）物のあいだに存在するとこれまで考えられてきた差異を、すでに物の内部にあるものとして再定義するという方法論的プロセスを確認しておくことが大切だ。たとえば、「男」と「女」とのあいだの違いは男の中、または男性性の内部の亀裂（差異）が外側に投影され「女」として体現されたものと考えることができる。あるいは「非ユダヤ人」と「ユダヤ人」との違いは反セム主義的な非ユダヤ人の内部における抑圧された望まれない部分（差異）が外部に現われて「ユダヤ人」という名前をつけられたものと示すことができる。どちらの場合も「女」とか「ユダヤ人」とかは「男」や「非ユダヤ人」の外部に存在する差異でありアイデンティティであるけれども、ポスト構造主義者にとっては、それらが内部におけるズレや疎外のしるしであって、「女」や「ユダヤ人」といった名称は、「男」や「非ユダヤ人」に内在していたもともとの亀裂が単に対象化され外部の存在となったものだと論じるのが、より正確だろう。

このように差異や他者性を継続中の出来事の内部へと繰り返し位置づけなおす運動、鍵となる操作がすでに規範として創設され受け入れられているものを反転させ置き換えるがゆえに定義上ほかのものに寄生せざるを得ない運動が示唆するのは、ポスト構造主義が自らの積極的な意思やアジェンダを持っておらず、持とうとしても持てないということだ。もちろんポスト構造主義の要点は、あらゆるプログラムが何らかの残存するイデオロギーを無意識に体現したものとして脱構築されるべきだということに他ならない。これに対して私たちは次の問いを当然ぶつけるべきだろう。いったい誰のプログラムなのか？　どのような時と場所において？　どのような状況においてそうしたアジェンダは追求されるべきであり、どのような場合に無視されるべきなのか？　その場合の影響は？　問題となる主体が社会的に周縁化された集団で自らの存在を認知させる闘いに従事しており、（宗教とかナショナリズム、様々な人権といった）目的や信念に固執する政治的必要に迫られているとした場合、外部に見えている差異（たとえば差別のような長年にわたる慣習）を拒絶するポスト構造主義の傾向はたやすく阻害となって、特権や恩恵を奪われた人びとの社会的条件を改善するという緊急に必要な実際的目標を達成することはほぼ不可能となってしまうだろう。

ポスト構造主義に対してもっともよくぶつけられる批判は、今言ったような非政治性、言いかえればニヒリズム的な試みであって、世界における「現実」の問題に無関心だというものだが、その一方で、より単純だが基礎にある問題、言及性の棚上げに関する問いはほとんど取り上げられてこなかった。

言及性を括弧に入れ、シニフィエから切り離すことで、シニフィエを意味作用の連鎖の一部分として再定義すること、それによってポスト構造主義は「外部」に存在するように見えるものが内部にあるものとしてつねに再コード化されうる、むしろされなければならないという認識論的枠組みを設定した。よってテクストの外部はない、と言われることになる。このことゆえに、私たちはデリダの仕事に当然の敬意を払いながらも、次のように論じることもできる。すなわち、テクストへの注意を怠らないことにかけては他の追随を許さないポスト構造主義とは、特異なことに、内部（と考えられているもの）に向かう以外の思考法を提供していないのではないか、と。これはポスト構造主義が順列という閉じられた体系である（これは構造主義の問題だった）と主張することと同じではない。むしろその基本的な動力（変化したり他者となる能力）が、言及性を時間的な差異の戯れによって生みだされる幻想的な効果として書きなおすことによって作られているがゆえに、ポスト構造主義とは強迫的な内部化を伴う運動であること。それによって排除されているものが排除の行為と同様、内部化によって（あるいは内部化を媒介として）痕跡や刻印などとして生みだされなくてはならない、ということなのだ。

すでに示唆したように、この強迫的な内部への運動を私たちは言語や意味作用と呼ばれる実在、先験的な条件に運命的に関係する一種の形而上学として理解すべきではないだろうか？　この場合ほかに適当な言葉がないので、ある種の自然的本質の再興と呼ぶが、ここでの問題は、自然とか起源とか先験的存在、真正さといったものへの幻想を厳しく戒めるはずの読解法において、自然的本質とされる内部性がふたたび喚起されることである。このことは複雑な哲学的問題として、これまで以上に慎重な議論がなされるべきではないだろうか。もしテクストをつねに重視するポスト構造主義があらゆる意味作用に内在し、そこから切り離すことができない他者性を前に押し出すことに専念してきたとするなら、それは同時に言語的な自己言及性に（すなわち内部への動きに）拘ることによって、そのような他者性（あるいは再刻印のプロセス）を最終的決定項として本質化している、つまり、潜伏する言及指示対象としてまさに設定してきたとは言えないだろうか？

バルトによる神話分析が明らかにしているように、この（それ以上超えることのできない自然的本質、ないしは言語とか意味作用として知られる地平線への）潜在的な言及には、特定の外部がまとわりついており、それを理論家は定義上、自分自身の合理的な時空間から除去してきたのだ。バルトの木こりの場合のように、この外部は洗練されない社会的弱者、あるいは／さらには文化的他者として典型的に再登場し、たとえそれらの名前や場所や活動が明示されたとしても、こうした形象は幻影としてまさに漂うことになる。つまり、それらは思考のシステム全体の限界を示す総称的な（あるいはステレオタイプ化された）道標にすぎないのである。だから木こりのもっとも重要な特質は、彼が都会における神話の生産者や消費者とは同じ仕方で語らず、語ることもできないということ、すなわち、神話の意味作用連鎖の内部には存在しないし、存在できないことだ。しかしバルトの提言に反して、もし私たちがパリに住む木こりを想像したらどうなるか、今日のプチ・ブルジョワ消費文化を代表するイメージやテクノロジーや商品や幻想の誘惑のただなかに存在するとしたなら？

　批評的言説が現実の世界に焦点を合わせ（人間の言語と意味作用に基礎をおくという点で）明らかに人間中心主義的であるにも関わらず、そのような言説において、何らかの社会的アイデンティティを一種の外部的存在に降格させると同時に昇格させる、このような傾向、あるいは必要があること、これを私はポスト構造主義理論の大きな未解決のパラドクスであると考えている。こうした亡霊のようなアイデンティティはおそらく外部性それ自体の（受動的な）条件の現われというよりも、排除という理論的行いの結果として残されたおぞましい廃棄物のようなものではないだろうか。それらは意味作用（という人間の接触と交流の領域）のなかに入ることを妨げられながらも、寛容な二次的身ぶりによって保持され、（再）命名され、地位を上げられて、意味作用の亡霊的な他者あるいはいわゆるその可能性の条件ともなって、非難することのできない道徳的教訓のごとく尊敬を求めるのだ。さらにこうした亡霊的アイデンティティは、それらがこのような二重の外部的位置を与えられているかぎりにおいて、意味作用の難解な領域には入り込めず、そこで語ることは許されないのだが、それでも不可思議な転覆力を与えられて（「木を語る」力といったような）、「神話作用」のまさに精華であり続けるのである。

さらに、盛期のモダニズムと同様に、ポスト構造主義による言語と意味作用の革新も、近代において世界中で言語や文化に課せられた要求という大きな文脈で考察する必要がある。もしモダニズムにおけるような政治的な関与に自意識を持ちながらも多くの人にとっては難解すぎる言語の戯れが、西洋においては啓蒙主義以降の道具主義、すなわち観念を環境支配の有用性によって価値判断する傾向に対する歴史的反抗として理解することができるのなら、世界の他の場所では、文化が近代化するために民族的伝統の重荷を振り払わなければならず、言語をめぐる問題もそれがより明確で人びとにとって近づきやすく使いやすいものといかになるか、つまり成長の途上にある国民にとって未来に向けた発展のための有効な道具にいかになるかという問いによってつねに定義されてきた。後者の場合のように、過去の地域や民族言語をどうやって浄化するか、とくに言語から古来の曖昧模糊とした文学的特質をいかに除去するかをめぐる文化的闘争が、たとえば近代の中国のような国家における二〇世紀初期の状況だったのである。(21)

よってグローバルな視点からすれば、二〇世紀までには近代によって、世界が二つに切断されているようでありながら、その実互いに影響しあう半分に分けられてしまったかのような状況が出現していたと言える。産業化された西洋では、前衛的な言語演劇がまず（ロマン主義と）盛期モダニズムによって出現し、その後ポスト構造主義理論によって道具主義の進歩思想に対するきわめて厳格な抵抗によってさらに押し進められる。発展途上の他世界では、そのような道具主義を（それに抵抗するのではなく）強化することによって過去の現地文化を時代にふさわしいものとする多くの絶望的な努力が続けられ、西洋人との出会いという不可避で蔑まれる体験のトラウマからどう回復するのかが肝要となる。一方で美的・批評的な言語の運命はより専門的で読解困難で、余剰とも言えるものとなる（それにより、言語は簡単には使えないものとなる、あるいは、そのような思い込みが支配するようになる）。他方では、政治家、官僚、知識人、文化活動家たちの実際の仕事として、うまく機能し、コミュニケーションに役立つ有用な言語を作りだすことが求められ、言語は国民と文化が自己を強化するためのまさに道具とされたのである。

二一世紀の初頭、予想外の仕方でグローバリゼーションの力がこの二つの近代を直面させた。たとえば中国や日本、台湾、シンガポールといったアジアの国々が経済的に豊かになり、「文化交流」とか「国境を越えた対話」に十分なお金を割けるようになると、きわめて晦渋で言語的に難解な西洋の理論がこのような国々で未曾有の活況を呈するようになった。近代詩や $E=mc^2$ のような数式と同様、理論的な批評言語もそれ自身の神話的生を獲得しはじめ、理解やアクセスが難しいという点にこそ市場価値がある流行のグローバル商品となったのだ。神話がどう機能するのかの法則に従って、批評はそれが難しければ難しいほど、そこに神話的価値があるという印象を強める。そして「それを手に入れる」ことができなくて不満や恐れを覚える人の数が多ければ多いほど、「それ」を追い求める欲望も強くなるのだ。大西洋の両岸だけでなく、太平洋をはさむ諸国でも、そして北半球でも南半球でも、多くの国際会議で理論が数かぎりなく言及され適用されている現状を見るといい。こうした現状において、その起源でそうであったように理論がいまだに政治的な異議申し立てであるなどと言えるだろうか？　それどころか理論は繁栄する企業精神のごときものとなって、いまやその拡張や流通力はかつてその難解さで道具主義に挑んだ反抗精神とはほとんど関係のないものとなっているのではなかろうか？

時間性というレトリックを再考する

時間がそれ自身と一致しないこと、すなわち意味作用が言及性を永遠に延期せざるを得ないこと、このことの理論化がポスト構造主義によるヨーロッパ思想へのもっとも根源的な介入と言えるかもしれないが、それは次の二つの傾向を導く。一つは、一見開かれて終わりのない意味作用が特殊な「外部」の形象を喚起するとき、ポスト構造主義理論はその説得力を失ってしまうこと。もう一つは、そのような理論が現代の西ヨーロッパと北米の範囲を超えると全く違った様相を呈することだ。

他者性が体験上の文化的問題であるように見えるところでは、時間的な断絶を（あらゆる意味作用を形づくる強制的な力として）強調することも、ヨハネス・フェービアンが人類学を問題にしながら使った「同時性の拒否」という有名な批判の例となる、あるいはそれと共犯関係を持ち得る。これは「人類学の対象をして、現在形である人類学的言説の時間とは別の時間に位置づける執拗で組織的な傾向」を指す[22]（フェービアンは「同時性」という語で「所与のものではなく達成されなくてはならない［よって拒否することのできる］」時間を共有することを意味する。さらに最近の著作でフェービアンは同時性を「単に時間のなかで共存することだけを含むに留まらない、ある種の同時代性」と呼んでいる[23]）。言いかえれば、現在が自らと一致しないことを主張することはポスト構造主義の根元にある哲学的・認識論的な土壌のなかでは革命的な攻撃となりうるが、そうした主張もヨーロッパが植民地化した他者の歴史的観点から見れば、フェービアン言うところの異時間《アロクロニック》捕囚言説、つまり私たちの同時代人に他ならない他者を差異という名目で文化の庭園や民族のゲットーに言説的に囲い込もうとすることになってしまうかもしれないのだ。時間でも認識でも言語でもアイデンティティでも「不一致」なるものは、植民地主義や新植民地主義のグローバルな支配からすればとても画期的などとは言えないだろう。なぜなら、たとえば戦後の地域研究や実用的プログラムによる非西洋の言語や文化研究におけるように、非西洋の他者は同時性を持たない、時代遅れで根本的に継続性のない人間として（西洋の人間たちによって、西洋の民俗学者の時間と言語によって）すでに分類されているからだ。言いかえれば、こうした非西洋の他者は、バルトの分析で木こりに与えられた位置と同じ場所を西洋の人類学言説のなかで長いあいだ占めてきたのである。

かくして不一致を強調すること、あるいはそれを無理してでも言い立てることは、伝統的な人類学が他者の時間的他者性に対して保持してきた態度に批評のメタ言語を具体化し格上げすることに他ならない。そうした他者性はしばしば事実として問題にもされることなく支持されているが、それはそもそものような不一致の想定がどのような条件下で可能となっているかを実際に考えなくて済んでいるからだ。たとえばフェービアンの仕事が植民地とされたアメリカの研究にどのようなつながりを持つかを考察するカルロス・J・アロンゾは、時間性というレトリックに内在している不一致(の原則)が表明されている例である、驚異の表現について次のように述べる。

アメリカに対面したヨーロッパが使う驚異というレトリックは……完全な認識的把握をいつまでも延期することを必要とする。しかしヨーロッパによる新世界表象は、これ以上還元不可能な他者性を維持するために使われるよりもむしろ、それを新しいものとして形成するために、自分と新たな領土との連続性を設定することによって、発見されたばかりの土地をヨーロッパが領有することを可能にすると同時に、自らのエキゾティズムを肯定したのである。(24)

私たちのここでの議論からすれば、(他者の目新しさに対する)「驚異」こそは時間性の政治的力学の情動的兆候であって、間違えようもなく外のものとの遭遇を存在する内部（「連続性」）として領有し、この内部が時を超えて無限に繰り返される差異化の過程の一部とすることに他ならない。たしかにこの無限の操作はさらなる差異化へとつねに開かれているが、しかしながらいまだに解決できない外部（「還元不可能な他者性」）としての新世界）のはらむ原初の瞬間へと向けられることはけっしてない。そのような外部の代わりに、いまや「エキゾティズム」があるのだ。

（このように理解されれば）驚異のもう一つの側面は、他者を例外的でまさにユートピア的な場所へと置き換え延期して、今のところ存在していない現在において他者は話すことも具体化することもできないのだ、という発想のなかで認識を機能させることにある。ここでも植民地時代のヨーロッパの想像力におけるアメリカの言説的位置についてのアロンゾの考察がきわめて的をついている。アロンゾによれば、アメリカは新規なものとして把握されることからしだいに未来という場へと位置を移動させていったという。

はっきりと知覚できない形で、新しさを語る物語が必要としたこの同時性はしだいに、アメリカが旧世界に対して未来という位置を占める語りのパラダイムによって置き換えられていった。新規さから未来性へというこの変化が重要なのは、それが新世界のエキゾティズム的対象化を永続させる条件を作り出したからだ。これは実際の経験や客観的分析によって弱められたり解体されたりする類いのものではない。つねに先延ばしされる未来のなかに安全に収納されたアメリカ、

かくしてそれは神秘化と永遠の約束といういつまでも再生する言説の対象となることができたのである。(25)

このように異世界の「エキゾティズム」や「永遠の約束」として再形成すること以外の仕方で他者を扱うことを拒否すること、これがふたたび私たちをこの章の最初のシナリオへと連れもどす。周縁化された集団や非西洋の主体を研究する学者がXの特異性を論じようとして(西洋の理論に対する)抵抗の概念に頼るとき、彼ら彼女らは図らずも研究対象の特異性が差異の指標によって把握される際に生じる困難を反復してしまう。この差異の指標はしかも、認識されるためには意味作用の連鎖のなかに組み入れられなくてはならない。アロンゾが言っているように、意味作用(と認識)の鎖は、神秘化と未来化という効果を交互にもたらす時間性の力学によってしばしば支えられており、そのようなプロセスはXの果てしない領有、そして除去につながるしかないのだ。

言いかえれば、Xが抵抗力を持つと(すなわち外部にあると)想像されればされるほど、それが差異のシステマティックな生産の枠組みのなかで特異性を失うことは(つまり領有されることは)避けられず、またこの枠組みを可能にしている状況(つまりそうした枠組みが永久に自律した内部性として進歩し発展することを可能にする条件)そのものが問われることはない。私の信じるところ、これこそが多くのオルタナティヴなアイデンティティや文化の表現、集団形成の試みが結局最後は似たようなものとなってしまいがちな一つの理由である。問題となっているのが特定の文化的業績であっても特定の民族に属する人のアイデンティティであっても、予想どおりの（predicable）——この単語は文字どおりには、すでに発話された、という意味だ——結果として、「両面価値性」とか「多様性」、「異種混淆性」、「雑種性」、「攪乱」、「抵抗」といったいくらでも言いかえ可能な用語によって、差異が強迫的に喚起されることになる。そして研究対象がどれほど新しく見えようとも、時間的な差異のプロセスがいったん動きはじめると、それはすでに述べた仕方で新規さを失ってしまう。原初にある排除行為——それは謂わば差異を形づくる差異だ——が意味作用からはあらかじめ閉ざされたものであるがゆえに、Xを扱う批評家たちは（理論的精緻さをますます競うような）自己脱構築としての時間性の体験と、（野卑な人種主義的傾向をはらんだ）異時間捕囚《アロクロニック》としての時間性の体験とのあいだの矛盾に繰り返しぶつかる他ないのである。

　要約すれば、今日ポスト構造主義理論の利用は、それが排除（の行為）をあらかじめ無効化する（プログラム上の必要がある）という問題を十分に反省しないまま、差異というポスト構造主義的な解決を適用する傾向にあると言える。しかしながら今日のアイデンティティや社会的認知、文化闘争をめぐる問題は、排除の力学を問うことを間違いなく要請しているはずである。この共存不可能に見える二つの問題に和解の道はあるのか？　結局（記号上の）連鎖の一部分でしかないような自動化された不連続としての差異の運動としてではなく、特異性を本質化された差異以外の方法で想像することは可能だろうか？　たやすく無視されてはならない閉止や言及の形態がおそらくあるのではないか、そのような拒絶は必ずや理論的袋小路にいたってしまうだろうから。メタ言語のレヴェルにおいて、これらはまさに言及性という問題に関わる問いであり、それはいまだ解決されていないポスト構造主義の外部として、多くの人たちによって悪魔祓いされたのち、追放されて亡命者の生を営んでいるのである。

このように考えなおすことで言及性は、ようやく私たちにとって一つの限界として明確に把握されることになる。それは不完全だが還元不能な条件、純粋な差異というよりも階層化された差異として、歴史の過ちとごまかしによって汚染され、そのなかに完全に埋もれてしまっているからだ。こうした階層化された差異に到達すること、それがしばしばXを対象化する多くの試みの背後にある意図である。しかし抵抗といったような、使い古され破産した言葉を使うよりも、言及性という問題に介入して、ポスト構造主義によるこの問題の閉鎖をこじ開け、どんなに前衛的な理論的試みにおいても言及が避けられないことを認めること、そして（言及性の）拒否と排除という原初の行為を徹底的に再評価する道を開くことのほうがずっと生産的だろう。それこそがフェービアンの言う、「人類の一方が他方を支配し搾取するというスキャンダル」[26]を問う第一歩となりうるはずだ。

第3章　文学研究における比較という古くて新しい問題——ポストヨーロッパという視点

比較研究という方法に何らかの存在理由があるとするなら、それは対象とされた存在や特質の似ている点が分類や発展を裏づけるために使われる以前に、まずそれらを切り離して独特なものとして扱うことがまずなされなくてはならない。——Johannes Fabian, *Time and the Other: How Anthropology Makes Its Object* (New York, 1982), pp. 26-7.

世界のあらゆる文学が一つの全体であるという普遍主義者の考え、すなわち文学とは民族や言語の境界という縛りを超越しているという発想は、一八二〇年代にゲーテが世界文学という概念を提唱してから二世紀あまりたった今日でも、多くの人を惹きつけるものであり続けている。エドワード・サイードが書いているように、「今の多くの学者にとって、私自身もそうだが、ゲーテの壮大なユートピア的ヴィジョンはそののち比較文学という分野となったものの基礎と考えられている。しかしそれを支えているのは、世界の文学生産という膨大な統合体が国境や言語の壁を越えながらも、それぞれの作品は全く特異性や歴史的具体性を失わないという、おそらくは実現不可能な理想なのである」[1]。ヨーロッパにおいてナショナリズムが勃興しつつあった時期にあって、世界文学という概念はグローバルな平和やコスモポリタンな権利、あるいは異文化間の寛容といった当時もっとも重要な知的遺産を築くという希望につながるものだった[2]。スーザン・バスネットが言うように、「現在から振り返るという利点のある私たちは『比較』が『ナショナル』なものと対置されていたことを理解できるし、『国民』文学の研究が自国偏重という非難を受けがちだったのに対して、『比較』文学の研究はナショナリズムの狭い枠を超える意味を持っていたことがわかるだろう」[3]。英語における比較文学について最初の研究書を書いたハッチェソン・マコーリー・ポスネットがこの学問分野の理由として提唱したのも、こうした普遍的でコスモポリタンな人間性に対する超越という観念であった――「部族から都会へ、都会から国家へ、そしてその両方からコスモポリタンな人類へという社会生活の漸進的な拡張こそが比較文学の研究における適正な秩序となるべきである」[4]。

北アメリカで行われている比較文学も、このような歴史的に特殊でありながら普遍的な価値に連なりたい、そんな切望の多くをいまだに保持している[5]。しかしながらこうした探求が、「比較」という語を明らかに用いる一方で、歴史的に様々な要因によって決定される問いとしての比較という批判的作業をつねに行っているとは言えないのではないか[6]。しばしば比較は二つの（あるいはそれ以上の）国民言語と文学、地理的領域、著者、主題が対置されたときの当然の作業として行われるだけで、批評する側も比較という身ぶりが何によって構成され、それが何を生みだし、いったい何を実現し強化しているのかを立ち止まって考えることは滅多にない[7]。今日「比較」という語はしばしば「多様」「グローバル」「国際的」「国境を越えた」「異文化間の」「惑星的」といった語句といっしょに、あるいは同じ意味で使われ、「世界文学」の定義にもともと含まれていた「一つ以上の」という切望、国境の制限を超える欲求をふたたび喚起するものとなっているのだが[8]、そのように広く使用されているにも関わらず、この言葉が持っている曖昧さが消えたわけではない。何よりもとりわけ意識して自らを複数的で一つの分野に終わらないものにしようとしてきた学問分野にとって、比較文学の領野の開かれた越境性といった題目を唱えればすぐにそうした曖昧さが消えてなくなるものでないことは誰にも想像がつくことだろう。むしろより危機的なのはフランチェスコ・ロリッジオが提起している次のような問いだ。「流動性や旅する文化、移動、ディアスポラといったことに関わる論議は、大学組織において文化が重要であることを強調するカリキュラムへの変更を要求することに収斂してきた。……とすれば、今日比較文学が最終的に大学のなかでたしかな位置を認められる代わりに、未曾有の体制的危機を迎えているのはなぜなのだろうか？[9]」

言語的コスモポリタニズムと民族文化伝統の平和共存をその存在理由とする諸観念の集積として、比較文学における比較はこの単語の語源が示唆するように等価性という概念、すなわち比較されるものどうしの平等と相互性に基づいている――まずこの点を検討しよう。バスネットの言葉を借りれば、「比較文学をこのように見たときには、コミュニケーション、共存、分有といったことがキーワードとなり、それによって作品が政治的力学から切り離され、普遍的な合意が目指されるのだ[10]」。

つまり多くの場合、単一の国民文学の伝統ならば歴史的特異性に即して探求されねばならないのに、比較文学となるとそこにある程度共通性や等価性があるからこそ比較ができる、という想定のもとに複数の文学伝統が研究される。明らかな差異があっても互いに平等なのだという発想。興味深いことに、こうした等価性、同一性という想定が成り立つには言語の違いと隔離がなくてはならない。二つないし三つの異なる言語が扱われていなければ、その研究は「比較主義的でない」と見なされてしまうことが多いのだ（私の友人や同僚にもそのように言う人がいる）。

言語の多様性に対するこうした要求が意味するものは何か？　私自身、異なる言語伝統のなかで仕事をしてきて、いくつかの言語を知っていることの利益は知的にも個人的にも痛感しているが、比較主義を多数言語運用力と同等に扱うことには（少なくとも私は）抵抗を覚える。しばしば誰を教員として雇うかを決める委員会のような大学の職業に関した状況での発言にも見られることだが、このような比較と語学力との等値化においては言語が方法の一環と見なされ、特定の言語を使う能力が知識自体を所有していることとおおむね同等とされている。外国語能力があらゆるドアを開けることのできる鍵として、その言語を母語として使用する者の特権であると考えられているのだ。スーザン・スナイアダー・ランサーが書いているように、学問分野としての比較文学は「言語が差異のもっとも大事な場であって、『比較』の中核的基礎であるだけでなくその学問分野としての正当性の根拠そのものであるという主張」に支えられている。(11)　このように複数言語能力が絶対に有利であるという信仰は言うまでもなく多くの論議を招くはずだ。二つほど明らかな例をあげれば、ＦＢＩとかＣＩＡのような政治的監視組織や諜報網には複数の言語能力が必須であるし、イエズス会やプロテスタントの宣教師たちが何世紀にもわたって行ってきた宗教的教化にもそれは必要だった。さらにロラン・グリーンが問うように、

ある言語を「知る」とはどういうことを意味しているのか？　英語とかスペイン語を知っているとはどの時点で言えることとなのか、そうした言語がそれ自体できわめて多様なのに？　複数の言語ができる比較文学者にとって、一九世紀フランス小説の専門家とどのように異なるフランス語の知識が必要なのか？　学問的な意味で様々な言語を知ると、伝統的な国民文学の研究を再生産することに対してどのような態度で臨むようになるのだろうか？(12)

あるいはワイール・ハッサンとレベッカ・ソーンダースが書いているように、「もしハイデガーが示唆するように言語が存在の家であるのなら、それはいくつかのきわめて異なる住人を住まわせることができる。結局のところ、誰が誰のところに住みついているのか？(13)」また言うまでもないことだが、比較文学に要求されている複数言語能力は実際にはきわめて選択的な複数言語能力に終わることが多く、それは「狭い意味で比較的」であるにすぎない(14)。しかしこうした様々な問題が当然あるにも関わらず、複数の語学力に優位を与え、それを比較研究そのものと同一視するという習慣はいろいろな場所でさかんに続けられているのである。

差異化と複数性（複数言語能力）そのものがパラドクスをはらんで共通性と等価性（比較）の基礎とされているので、このような前提をもった比較文学研究はこの前提を全く疑うことなく、文学が何であり何をするのかを定義し守護することになりがちだ。つまりは、いったん文学の特異性さえ認めてしまえば、あとは「比較」が自らの面倒を見るという信念。[15] ルネ・ウェレックとアースティン・ウォレンの古典的著作、『文学の理論』がこうした比較文学の信念のもとでの文学の定義を遠大かつ精巧に説明した模範例だろう。一九四〇年代終わりに出版されたウェレックとウォレンのこの本は、文学の特異性を一方で科学（つまり物理、ないしは自然科学）から、他方で日常言語から区別しようとした試みだった。著者たちは本の始めに自分たちの文学に対する関心が単なる楽しみや鑑賞ではないと断っている。そうではなくて、それは文学を研究する組織的な方法、文学理論に対する関心なのだ。

あらゆる人間と同様、それぞれの文学作品も個別の性格を持っている。しかし同時にすべての人間に人類と共通の、つまり同じ性や国家、階級、職業の人と通じるものがあるように、文学も芸術作品と共通の特質を有しているのだ。そう考えることによって我々は、特定の芸術、たとえばエリザベス朝演劇をあらゆる演劇、あらゆる文学、あらゆる芸術として一般化できる。文学批評も文学史も個々の作品、個々の作家、時代、国民文学を特徴づけようとする。しかしこの評価は普遍的な基準でもってのみ可能であって、文学理論を基礎にして初めて可能なのだ。文学理論こそれは方法論的原則として今日の文学研究にもっとも必要なものである[16]。

歴史を振り返れば、ウェレックとウォレンによる文学研究を定式化し文学を専門化した自立的な分野にしようとした努力は、二つの明確な道に従っていたことになる。一つは文学を他の分野から外的に区別すること。もう一つは文学というジャンル、形式、スタイルといったものの内的な力学を分析すること。こうした精緻化への努力は、フーコーが『言葉と物』で論じた人間科学における専門知識の発明の論理を引き継ぐものだ。序論で指摘したように、フーコーによれば、近代文学がますます難解となって理論化が必要になったということは、(近代における)言葉と物とのあいだの究極的な乖離をもたらした表象関係における初期近代以来の認識論的変化の兆候である。「一九世紀以降」、とフーコーは書いている、「言語はそれ自身に重なって独自の厚みを獲得し、それ自体の歴史と客観性と法則を採用するようになった。言語が他のものと同様に、生き物、富や価値、出来事や人間の歴史と同じレヴェルで、一つの知識的対象となったのである[17]」。フーコーの議論によれば、言語は透明で普遍的なコミュニケーションの手段としての地位を失う代わりに、大きく分けて三つの書記、あるいは言説の形態に発展する——科学的(あるいは実証的)言説、評釈的(あるいは解釈的)言説、そして文学的(あるいは自己言及的)言説がそれだ。フーコーの議論は、すでに見たように、文学の登場を他と区別された学問分野、研究対象として説明し、西洋における知の生産の歴史的軌跡のなかに位置づけようとする試みだった。比較文学という学問分野が複数言語能力を強調するのも、このような多くの言語による文学の対象化がいまだに進行していることの証にすぎないようにも思えるのだが。

しかしフーコーの著作はもう一つ重要な省察を含んでいる――文学の登場についてではなく、異なる事象が共存するなかに比較行為の源泉があるという点に関して。『言葉と物』は煎じつめれば西洋における知識の分類あるいは組織化の歴史の研究であって、物のあいだにかつて存在した近接性あるいは共通の地盤がそこで失われたと論じる。フーコーはこの研究がボルヘスの発明の一つである「中国の百科事典」との出会いに触発されたものだと言う。ボルヘスのテクストでは「恵み深き知識の神聖なる大店」と名づけられたこの場所では、西洋思想におけるすべての見慣れた風景や関係がかき乱されて崩壊の危機にある。[18] フーコーは次のように書いている。

ボルヘスの目録に満ちている奇怪な特質を成り立たせているのは……そのような出会いを可能にしている共通の地盤がすでに破壊されているという事実である。……ボルヘスは……必要物のなかでなかなか気づきにくいがもっとも重大なものを除去してしまっている。彼は場を、つまり物が対置されることを可能にする無言の地盤を消去しているのだ。……取り除かれているのは、端的に言ってかの有名な「手術台」であり、そこには二つの重なり合う意味がある。一つは、あらゆる影を食いつくしてしまう鏡のような太陽の下で白く輝いているニッケルでメッキされたゴム製のテーブルで、たとえばそこでは、おそらく永久に、傘がミシンと出会う。もう一つは白紙の板としてのテーブルで、我々が世界の物体について思考することを可能にし、秩序だて分類し、類似と差異を明示する名前に従って集団に分けるテーブル、その上では時の始まり以来、言語が空間と交わってきたようなテーブルである。(19)

異なる言語がそのあいだにある種の平等、類似性、あるいは等価性を持つという発想は、言ってみれば、フーコーが知識生産における分類法として言及している「手術台」から派生する比較思考の一種である。フーコーの要点は、こうした方法が近代以前に無限に拡張する分類の隙間と近接性による階層秩序(たとえば自然科学における種、属、科といった)によって機能していたときには、それが概念の地平であると同時に、世界の事象を描き、名づける技術的手段として役立っていたということにある。空間を組織する論理としての分類法が無限に異なる物質のただなかで知覚を可能にする格子枠を提供しているのだ。それが文字どおり目に見えるものであるかどうかに関わらず、この格子枠は安定しているので、変化のプロセスは追加と蓄積にすぎない。補足される知識はこのテーブルの本質的な特性である包含性という働きを肯定し強化するのである。

今は消滅してしまったと想定されているこの手術台、それに似たものがどうやら比較文学の領域には生き残っているのではないか。比較文学における知覚格子はヨーロッパで理解されている文学のそれであり、歴史的変化は他者の文化がヨーロッパの伝統に喜んで迎えられたり統合されたりするプロセスとして把握されるからだ。ウェレックとウォレンがこのことを次のような言い方で述べている。「文学を一つの全体性として考え、文学の成長と発展を言語の差異と切り離して考察することが重要である。……少なくとも西洋文学は全体として統一体を形作っている……そしてとくに聖書の例で東方の影響を過小評価するわけではないが、全ヨーロッパ、ロシア、アメリカ合州国、ラテンアメリカの文学を包含する緊密な統一体を認めねばなるまい[20]」。エドワード・サイードがコメントするように、「比較文学について語ることはしたがって世界の文学の相互交流について語ることだったが、この分野はヨーロッパとそのラテン・キリスト教文学を中核および頂点とする一種の階層秩序によって組織的に認識されていたのである[21]」。

「ヨーロッパとその他者たち」とも言えるこういった比較の階層秩序、これこそが今日でも北アメリカの比較文学研究における共通の規範となって残っているものだ。この定式において比較を正当化する鍵は、「と」というつなぎの言葉である。さらにこの「と」は最初の語であるヨーロッパを言及格子として権威づけ、そこに他者が後から付け加えられて従属的位置を与えられる、一つの補足形態を示唆する。このような比較の結果として文化資本と知的労働の不均衡な分配が行われ、それによって、フランスやドイツといったヨーロッパの文化（という格子）が精密に研究され、その一方でラテンアメリカ、アフリカ、アジアといった文化はユニークで互いに理解不能な言語伝統によって差異を強調されながらも、単に同一地域の用例として（したがってヨーロッパ文学と同様の精妙な比較研究を必要としないものとして）考察されるのだ。（こうした地理による旧来の分割に加えて、「フランス語」と「フランス語圏」の著作といった階層分岐をあげてもいいだろう[22]。）かくしてこの「と」は比較をするだけでなく、比較の政治力学の現われでもある。一方に歴史、文化、言語が内的に変化し、ますます精巧で洗練された研究を可能にする開かれた領域があり、他方に他者の歴史、文化、言語として、理論的に言えばどんな伝統を研究する際にも必要なはずの細部への注目や思想の内的力学を省みる価値のない雑な一塊がある。このような他者の歴史、文化、言語は明白な比較の枠組みのなかで初めから差異化されておらず、それゆえにヨーロッパとはけっして平等ではありえないのだ[23]。このような観点から見れば、精読のような他の場合には大事な訓練法も疑いをもって見る必要が出てくる。なぜなら精読を正しく遂行するためには、小規模な西洋の正典の外にある大部分の世界の文学テクストは周縁に置いておくか、あるいは全く読まないままにする他ないとされているからだ[24]。精読がうまく機能するにはそれを西洋の正典だけに自己言及的に限定する他ないのである。

つまり「ヨーロッパとその他者たち」という比較実践によって、比較の結果が方法論的にあらかじめ決定されてきたわけで、ヨーロッパの思想や著作は非ヨーロッパのものよりも徹底的に検証され分析され続けていき、さらに悪循環の論理に従うことで、ヨーロッパのものが将来の比較研究をより価値あるものとする規範として機能することになる。かくしてミツヒロ・ヨシモトが言うように、ヨーロッパ研究者こそがいつでも恵まれた比較研究者のように見え続けるのだ。

「文学」同様、「比較」もイデオロギー的に中立な単語ではありえない。「比較文学者」とはある種のヨーロッパ文学を専攻する者のことであって、中国や日本を研究対象とする者は「アジア比較文学者」と呼ばれる。……比較文学という学問分野の核にはつねにヨーロッパという観念があるのだ。思いきって言えば、比較文学とは文学研究の一分野というよりは、地域研究の一つであって、東アジア研究とか中東研究、ラテンアメリカ研究とかと同様のものではないだろうか。(25)

たとえば小説と呼ばれるものの研究を考えてみよう。文学ジャンルの歴史性に対する理論的意識が高まってきたとはいえ、「小説」という用語はほとんどつねに定冠詞 the を伴って使われ続けている。いったい小説という語で何が意味されているのかを探ると、そこに人が見いだすのは通常イギリスの(そしてときにはフランスの)題材である。西ヨーロッパの領域から外に出れば、この語はほとんどいつも国や民族の形容詞をつけて使われ、近代日本の小説とかアメリカ小説、ロシア小説、アルゼンチンの小説の研究といった具合になる。そうした研究の多くが小説というジャンルと、様々な地政学的状況における特定の文学伝統との齟齬を扱っており、なかには小説を「国境や民族を越えた交換の結節点」として強調するものもある。(26)それにも関わらずこの定冠詞つきの小説 (the novel) というジャンルがこれほど多くの地域的多様さを従えているという事実は、「ヨーロッパとその他者たち」という定式がいまだに幅をきかせていることの現われだろう。イギリスやフランス小説の専門家で政治的にも敏感な人たちがヨーロッパ文学という怪物の誕生における非ヨーロッパ文化の影響を研究して論じる努力をしているとはいえ、たとえば近代日本、中国、キューバ、アルジェリアのフィクションの研究者がそうした小説を国や民族のラベルなしで定冠詞つきの小説と呼ぶことは全く想定外のことである一方で、英文学科の研究者たちはまさにそれを易々とやってのけることができる。英語を他と同様に可視化する必要などないと思われていること、英国小説を一種の普遍的規範として提示し、つねに自明で自己充足した自己言及的なものとして受け入れてきた伝統、これこそ、ディペシュ・チャクラバルティの言う「ヨーロッパの辺境化」という理想的プロジェクトがいまだにほとんど実現していないことを示す好例だろう[27]。

ここで問題にしている比較の政治的力学とは、特定の単一言語的枠組み（英語）で定冠詞つきの小説について語ることのできる人たちこそが、フーコーが論じた分類という意味における比較文学者だということである。彼ら彼女らの定冠詞つきの小説という概念は、方法として結局のところ追加と蓄積とを旨とする差異化を前提として成り立っている。そこでは他者が自らを他者として名指すことが必要で、その一方で自分たちは一般的な知の格子としての普遍的用語を保持し、逸脱や多様性を含む追加情報を説明する言語的権力を持ち続けているのである。

ここでは言語がおしなべて中立の事実として見られる傾向にあるため、言語や文化がけっして世界の舞台に登場したり、同じ立場で互いに出会うことなどないことを比較文学者が強調することは稀だ。しかし事実として「言語は支配関係をなかに埋め込んでおり[28]」、（現在想定されている）比較に内在されるとされる平等概念など現実には破綻せざるを得ないユートピアにすぎないことを認識する必要がある。国境を越える世界文学という概念がそもそも歴史的文脈として、ヨーロッパ内部の政治的争いと戦争状況をどう調停し解決するかという思想の試みから生まれてきたことを、私たちは忘れてはならない。しかしながらランサーによる次の見解のように、このことの意味合いは皮肉な結果をもたらしていると言わざるを得ない。

比較文学は帝国主義的ナショナリズムの時代のなかで、人間科学における国境を越えた精神を肯定することで闘おうとする比較文学者の試みから生まれ育った。この課題は比較文学がヨーロッパとアメリカ合州国で発展しつつあった時代においてますます重要なものとなっていたはずで、それは比較文学というプロジェクトにおいてもっとも協力してきたフランスとドイツという二国が敵同士だったからだ。国境を「乗り越えて」連帯するという精神はたしかに抵抗の重要な戦略であり、個人や学問上のつながりを温存し、比較文学の成果を維持するだけでなく、「文化」そのものを防御する方策だった。しかし皮肉にも悲しむべきことに、ナショナリズムに対するこうした抵抗の結果として、男性中心のヨーロッパ大陸主義によって排除が行われることともなったのである。(29)

二一世紀に生きる私たちにとって必要なことは、国境を越えると考えられている書記の実践があるとすれば、それがいったい何を意味しているのかと問うことだ。国境を越えるとはどうしてそんなに良いことなのか？　そうした越境はある種の特権的移動を意味しているはずだが、それはつねに権力的力学のうちにあって、境界を越えることのできそうな人びと（たとえば定冠詞つきの小説について語ることのできる人びと）が評価の基準を定めているのではないだろうか？　そして、定冠詞つきの小説ではなくブラジルの小説とかエジプトの小説について語らなくてはならない人びとの場合に明らかなように、国境を越えて移動する可能性はすべての人に許されたことではないのだ。レダ・ベンスマイーアがマグレブ文学の西洋における還元的な受容の傾向について語っているように、

これらの作家の作品が分析されるときの熱意のなさにはいつも驚かされてきた。こうした小説が研究されるときにはいつでも、ほとんど例外なく人類学や文化的な事例研究に還元されてしまうからだ。そういった作品の文学性がまともに取り上げられることは滅多にない。そしていったんそれらの作品が世界文学という脱構築された正典のなかに統合されてしまうと、それは政治的、イデオロギー的な目的だけに使われることになる。このような読解がしばしば行われるため、そうした作品は他のシニフィアンのなかのシニフィアンへと還元されてしまい、何物によってそれ自体の価値をもった文学作品が作りあげられているかは全く問われなくなるのである。(30)

このような階層的な比較の枠組みが支配する状況では、ベンスマイーアが言うように、非西洋文学の文学性など全く相手にされないばかりか、国や民族の境界によって移動を妨げられ続けている人びとがたとえ単一の国家や民族に縛られない作品を書いたところで、そのような境界を越えることはほぼ不可能である。様々なものを包含する世界文学という倫理的かつ理論的な理想として学者が支持したいものが一方にあり、他方で比較という名によって実際に行われていることが存在する、この矛盾

から私たちは、比較文学研究を行うための根本的に異なる発想の必要性にせまられるのである。

ヨーロッパの近代はつねにすでにそこにあった。――H. D. Harootunian, "Some Thoughts on Comparability and the Space-Time Probrem," *boundary* 2 (summer 2005), p. 31.

私たちにとってフーコーの『言葉と物』が有益なのは、それが知の組織化の方法を歴史的検証によって明らかにし、おそらくそれが変化可能であることをも示唆するからだ。前近代における知の生産方法としての蓄積による包含の(よって無際限の)メカニズムは近代において終わりを告げ、格子枠による空間的論理が考古学的なネットワークに道を譲ることで、かつて想定されていた異なる知識間の明白な連続(および統一)は断絶、変化、潜在的な系譜に置き換えられて、全体を確かで一貫性のある分類法によって把握することは不可能となった。かくして知の生産とは分断線や壊れた形態を探ること、地下に隠れたり逃げ去ってしまった曖昧な図式の痕跡を追い求めるものとなるのである。

人はどのように世界と自分自身を知るようになったのか――フーコーは人間科学におけるこの巨大な変化を想像し描いていく過程で、明らかに比較が持つ新たな可能性を理論化したとも言える。フーコーの示唆に従えば、分類することによる整理がかなわず、類似や等価性、同等といった前提に頼ることができなくなると、比較は異なるものの価値を水平に判断する行為として新たに概念化されるようになる。水平ということはつまり、お互いが相互に競うようにしてということだが、この判断行為は歴史から切り離すことはできないので、はっきりとした結論が下されるというより暫定的な想定とならざるをえず、新しい意味の関係に従って時に応じて変更されていく他ない。比較は避けられないが（なぜなら近代やポスト近代ではかけ離れた物を暴力的に一緒にすることが避けられなくなったので）、同時にそれはその意味が繰り返し交渉されることによって、結論がいつまでも出ない出来事となる。さらに、その交渉は判断される物の量がつねに増加していくという事実だけでなく、より重要なことに、時を経るにつれて、そうした題材の実証的な存在と見えるもののうえに偏向や時代遅れの傾向、消滅といったことが刻印され、そうしたことを元にして意味が交渉されていくのである。

この点で、周縁化された文化を研究してきた学者たちがすでにこのようなことを実行してきたことは驚くに足らない。なぜならここには、たとえはっきりと明示されないまでも比較の政治的力学に内在する要因があるからだ。インド亜大陸、英語圏アフリカ、スペイン支配以降のアメリカ《スパニッシュ・アメリカ》、地中海、東アジアといった地域におけるヨーロッパ植民地支配以降《ポストヨーロッピアン》の文化的問題として近代に焦点を合わせることで比較を考えてきた人びとにとって、こうした地域の文学やその他の書記行為を研究することはヨーロッパとの遭遇から生まれた矛盾や闘争に注目することに他ならず、そういったことの痕跡が、その地に元からあった先来の伝統やアイデンティティの表現として表わされてきたからだ。このような遭遇の影響として歴史的に決定された条件があり、そこでは単なる出会いや接触、あるいは対話だけでなく、文化的に優れているとされたものとの遭遇としてとくに状況が強化されていったわけで、「ポストヨーロッパ」という語で私が指し示すのも、そのような遭遇後の状態に他ならない。

たとえばパーサ・チャタジーは、イギリス植民地支配以降のインドに関する研究で、「開発途上国」としてのインドが抱えていた多様な社会的文化的問題を探求するとともに、ヨーロッパの概念モデルが支配し続ける状況を厳しく批判した。そのとき彼が取り上げるのは、第三世界の国々の進歩をめぐってつきまとう出自に関する汚点である。[31] すなわちチャタジーによれば、アジアやアフリカのナショナリズムの中核には、一つの根本的矛盾がある――ヨーロッパの支配から脱け出し、自由を獲得しようとしながらも、国家建設の試みがつねにヨーロッパの啓蒙主義以降の合理的言説のなかに囚われてしまうという矛盾。（チャタジーの研究については、この章の最後にまた言及する。）あるいはまたポストコロニアル文化が自由を主張する際に内在する同様の困難について、オラクンル・ジョージもそのナイジェリアのポストコロニアル文学と文芸批評の研究で、行為媒体《エージェンシー》という近現代の文化的作業にとって欠くことのできない概念が単純な対立と抵抗という図式に還元できないことを論じる。それどころかジョージによれば、行為媒体は近代アフリカ文学や批評をつらぬく盲点、自己矛盾、曖昧性といったことを考慮しなくては意味をなさないというのだ。アフリカの作家や批評家にとってすでに存在していたヨーロッパに応答し、その実在と何らかの形で折り合いをつけること、それは必須のことだが、彼らがそれに対して歴史のトラウマに影響されずに純粋に主体的な力を持ってつねに抵抗し続けてきたなどと想像することもできないのである。[32]

同じようにカルロス・J・アロンゾが論じるのは、スペイン支配以降のアメリカという文脈で、美的および政治経済的現象としての近代が両面価値的な文化言説として構築される必然性だ。アロンゾによれば、スペイン語圏アメリカの歴史は特殊な民族的人種的構成のゆえに、ヨーロッパ帝国主義に対する批判が近代の一部分をなしたとしても、それは現地にもともとあった先住民の過去をノスタルジアとともに回顧するというよりもむしろ（たとえばポストコロニアルなインドの歴史学は植民地支配以前のインドに多くを仰ごうとすることが可能だったわけだが）、新たな時代に向けた進歩的運動、つまり皮肉なことにヨーロッパに向けた運動という形をとらざるを得なかった。こうしたヨーロッパに対する愛憎に引きさかれた関係が様々なスペイン語圏アメリカの自己想像の源となり、アロンゾが説くように、そのような関係に埋め込まれた矛盾こそがこうした文化における近代の特異性を規定しているのである[33]。

近代ギリシアにおける国民文化の形成に文学がどのように寄与したかを研究するグレゴリー・ジャスダニスは、それが強力な西ヨーロッパの周縁にありながら、西欧の世俗的な社会体制や思想によって受けた影響を考察する。比較文学とは「あらゆる文学的創造や経験を統一体として意識する国際的な視野からすべての文学を」研究することであるというウェレックの定義を引用して、ジャスダニスは次のようにコメントする。「このようなイデオロギーは他者に自分たちの真似をすることを要求する」。ジャスダニスによれば、比較文学者とは「最初から普遍的な文学なるものの存在を想定し、それがあらゆる文学生産の根本的規範であることを疑わない。だが今日の地中海文学を検証してみれば、そうした概念が世界の他地域は言うまでもなく、ヨーロッパの現実にほとんど適合していないことが明らかになるだろう[34]」。ジョージ同様、ジャスダニスも理論化や顕彰（正典の制定のような）といった体制的行いを考察することが、近代ギリシア文学の成立を理解するには欠かせないと論じる。国民のアイデンティティであると同時に文学的アイデンティティでもあるギリシアなるものの特異性は遅れてきた近代の一部分であって、それが創作による償いに近い美的行為によって維持されているのである。

ナオキ・サカイが日本という文脈で以上のような考察と比較し得る歴史的力学の検討として焦点を合わせるのは、近代日本の哲学者や知識人が日本的「特殊性」に拘り続けた現象だ。興味深いことに、この場合において自己言及性への固執のように見えるものは、サカイによれば、つねにすでに、西洋が自らを他に押しつけようとすることへと向けた反応、それを模倣しようとする欲望である。

日本思想の歴史は西洋思想ないしは西洋哲学の歴史の対称的な等価物として創造されたがゆえに、この分野は最初から対称と同等という要求に支配されてきた。この分野全体がもし西洋に思想があるのならば日本にもその等価物がなくてはならないという前提のうえに作られてきたのだ。しかしこうした要求は必然的に欠如の感覚をもたらす――日本に西洋哲学の等価物があるべきなのに哲学と呼べるものなどありはしないという、しばしば苦い意識を伴う認識によって例証されるように。このような模倣の欲望ゆえに、西周（一八二九―九七年）以降の知識人は日本における哲学的思考に組織的な理知が欠けていると繰り返し非難してきたのだった。……この自己言及的性格はこういった模倣の欲望を通して日本思想の歴史のうえに刻印されたのである。(35)

サカイはさらに「対‐形象化の図式」という用語で、こういった複雑な事態を理解することを提案する。

自らの言語に対する自己言及的な関係はつねに対‐形象化の図式を想定している。……自らの言語に対する自己言及性は必ず外国語の観点から見られたいという欲望をはらんでいる。自己言及性が事実として他の位置から見るという転移の欲望からけっして自由になれない理由は、かくしてこの対‐形象化の図式にすでに明らかだ。私たちが自分自身の言語ですでに知っているとされることを知りたいという欲望は、このように外国語という形象を私たちが欲することを通してやってくるのだ。(36)

ここでは簡単に紹介することしかできない以上のような研究が、私たちの議論にとって関係があるのは、それらが比較を考えるうえで別のパラダイムを示唆しているからだ。多数言語空間を単に分類して並べるといった類いの自発的な行いではもはやない形で、これらの批評家たちは比較を近代世界の政治的条件によって図らずも導入され、それと切り離すことのできない言説状況の一類型として理解している。そしてこうした言説の状況は、古典的な比較文学者の切望と結局相容れないものである。ヨーロッパに基礎をおいた旧来の比較文学とは異なり、こうしたいずれの研究も自らの課題を国際的とかコスモポリタンなどとは宣言することはない。しかし、それぞれが特殊な文化的枠組みのなかに位置しながら、その特異性そのものにおいてこうした研究は文化を横断しており、個々の状況をはるかに超える意味合いを持っているのである。言説の派生と幽閉（チャタジー）、動く行為媒体（ジョージ）、両面価値性（アロンゾ）、遅延と償い（ジャスダニス）、模倣的欲望と対－形象化（サカイ）とそれぞれ表明の仕方は異なってはいるが、非西洋における近代の文学的・文化的なアイデンティティ形成は比較のなかに徹底して浸かっており、事実それに基づいていることをこれらの批評家たちは明らかにする。しかしここで言う比較とは、差異が単に時間軸に従ってより新たな類型として見慣れた言及格子のなかに統合されていくような、合理的かつ蓄積として表示できるようなものではない。そうではなくて、ここでの比較はフーコーが近代の物の秩序として提示したような歴史的残余の考古学的痕跡を追い求める作業に似ている。こうした仕事を成し遂げるために、このような比較実践は包含を旨とする分類癖を捨て、文化における語りを兆候として、イデオロギー的歪曲と排除の歴史に対する手がかりをはらんだ、しばしば間接的で倒錯し偏見に満ちた断片として解釈せねばならないのである。

　こういった様々なポストヨーロッパ的比較研究を結びつける重要な概念は、ポストヨーロッパの文化がそれ自身に主な関心を抱いているように見えるときでさえも、つねに二文化間で、あるいは複数文化間で機能し活動していると認識する必要があるということだ。以下の文章における「ギリシア」や「日本」の代わりに他のポストコロニアル文化を当てはめてみれば、ジャスダニスやサカイのこうした一節はポストヨーロッパの窮状に関する一般的な表明として通用するだろう。まさにそれは比較主義によって必然的に裏づけられており、それゆえ比較主義をとおして把握されねばならないからだ。

ギリシア性とは、ギリシアの人びとが劣等感と不足感のなかで体験したヨーロッパ的近代の圧倒的な存在のなかで真正のギリシア的性質を切り開く試みであった。……ギリシア性には外国のものと地元のもの、伝統と新規さとが体現されていたのだ。(37)

「日本思想」は初めから比較に基づく考察の対象として設定されていた。日本思想の歴史が日本の学者たちにとって自己言及的ナショナリズム知識の領域だったのはとりもなおさず、この領域で彼らが比較という様態において発話していたからだ。……学者たちは比較という設定において発話する以外の選択肢を持たなかった。……彼らが主題の選択においては自由であったとしても、近代世界において彼らは比較という様式以外に発話の様態を自由に選択することはできなかったのである。(38)

言いかえれば、インド、ナイジェリア、スペイン語圏アメリカ、近代ギリシア、日本といった領域は、一見単一の言語、単一の文化、単一の国家であるように見えながら、比較というプロジェクトのなかに解き放たれることによって、それらのあやふやで謎に満ちた言説が複数の言語、複数の文化、複数の国家を横断する歴史性をはらんだ証として見えてくる。そうした歴史性によって（西洋の）人間科学の実証的限界が暴かれ、フーコーが見事に解析した（西洋的）人間のすでに獲得した知とこれから獲得するだろう知の領域が有限であることが明らかとなるのだ[39]。同様の理由で非西洋の国々における比較文学の研究も、多くの場合、国民文学の研究と区別がつかない状況にある。バスネットが注意をうながすように、一九七〇年代までに西洋における比較文学の研究は様々な種類の理論によって革新されることで、

比較文学は他世界でも地歩を占めるにいたった。中国、台湾、日本といったアジアの国々でも新しい比較文学のプログラムが立ち上げられたが、それらが基礎としていたのは、普遍主義の理想ではなく、多くの西洋の比較文学者が拒否していた文学研究の側面、すなわち国民文学の特異性であった。

バスネットの結論は傾聴に値する――「ヨーロッパとアメリカ合州国以外の国での比較文学が必要としたのは、まず自国の文化から始めてから外を眺めようとすることであり、優れた文学を規定するヨーロッパのモデルから始めて中を覗くことではなかったのだ[40]」。

国民文学の専門家たちは言語や言語による差異化を、比較という概念を定義する唯一の方法と考えないことによって（国民文学が近代以前の文学だけでなくポストコロニアル状況における複数言語の

問題をはらんでいるがゆえに）、場合によっては比較文学研究の定義と実践に変革を及ぼすことがありうる。この場合の比較とは複数の言語そのもののあいだでの文化資本の不均衡な配分に対する批判を含んでおり、その批判はひるがえって複数言語能力を比較文学研究の決定的要因として主張することに対する異議申し立てとなるだろう。なぜなら、多くの言語を知っていることはたしかに利点だろうが（学生にはそのことをつねに勧めるべきだ）、言語能力を知的排除の手段に転化するのは全く別のことである。そのような排除は比較文学研究の有効性を明らかに損なうことにしかならない。そのような排除を含まない比較文学研究だけが、様々の歴史的理由から明らかなように、これまでとは異なる比較の営みに参与し、これまで支配的だった慣習にいどみ、それを開くための説得力ある方法を提示することができるのである。

　この点で、比較文学が（その創設というよりも）一つの美学的失敗であるというサミュエル・ウェーバーの考え方は核心を突いている。カントの著作を脱構築的に読み解きながらウェーバーは、カントの言う美学なるものがある知の分野を創設し組織すること（たとえばウェレックが試みたような）よりは、判断が揺れ動くことに関わるのではないかという見方を提示する。このプロセスには何が独自で、多様で、特殊なのかを評価し表象する普遍的な規則があらかじめ存在するわけではないので、判断力にはその実行過程において、表象や評価がいかにして可能か（そしてそこで何が問題となっているのか）という問いへの内省が含まれることになる。そのような内省は普遍にいたろうとする動きとともに、私たちが特定の現象の価値を判断するためにどんな基準や参照項を用いるのかを明

らかにする努力によって成り立つ。ウェーバーに従えば、

判断力そのものが探求されるためには、このような内省的形式が不可欠だ。なぜならこうした場合においてのみ、判断力は謂わば特異から普遍への道筋を自分で「思考」しようと試みるからである。……もし判断力がその目的を実際に達成し、それが有効な知識を生産したとするなら、そのとき特異は普遍のなかに含まれ、判断力は決定力のある認識、理論的思考の一部となるだろう。ある意味でこの普遍への運動が永続化されて終わることがない、そのような場合にのみ判断力はそれ自身の働きを省みることができるのである。[41]

よって結局のところ美的判断力とは内省という活動がどのような関係項や用語によって行われるかへの反省を含んでいるのであって、単に判断される（外的）対象に対する反省に留まるものではない。その結果、内省行為が普遍的なものに到達しようとするときまさに、そのような関係を見直す契機をはらむことができるのである。美的ないし内省的判断力がこのような形で定義されると——つまり、自らの発話の前提をいったん棚上げし、さらにはその正当性を疑うことによって——それは根底的な他者性をめぐる問題がきわめて重要とならざるを得ない知の生産分野に辛辣に関わってこざるを得なくなる。

ウェーバーの読解をさらに一歩進めれば、美的で内省的な判断力がポストコロニアルなグローバル

状況における比較の政治力学にも内在していると論じることができるだろう。文学や芸術が（判断力という基準において）伝統的に占めていた位置に、ここで文化的差異を置いてみるのだ。先に触れた様々なポストヨーロッパの文化研究において、文化的差異とはまさしく表象と評価という行いが持つ限界に繰り返し挑戦するような「対象」として、そうした行為を可能にしている関係性に内省的判断を迫るものではないだろうか？　私たちがどのようにしてこの対象、すなわち特異性をはらんだ文化的差異を（すでに決定済みの美的システムにただ頼るのではなく）表象し評価できるのかという（より狭くは美的な）問いに、私たちはこうしてもう一つの（歴史的で政治的な）探求を、比較と判断力という階層的な枠組みにおいてまさに喚起される問いを付け加えなくてはならない。この枠組みはすでに長いあいだ存在していたもので、他者性が自らの仕事を邪魔したり台無しにしたりしないようにと、謂わば他者性を飲み込んだ普遍として道を妨害していたのである。

第三世界におけるナショナリズムの概念との関係で、この判断力をめぐる問題を探るのが先に触れたパーサ・チャタジーである。ポストコロニアル状況の歴史家の一人として、彼もカント的な意味合いを持つ問いを発する。ポストコロニアル国家や文化の他者としての特異性を犠牲にしたり消去したりすることなしに、ポストコロニアル国家や文化という「達成」をいかに読解し正当に評価することができるか？　先に述べたように、チャタジーは即座に「派生」という厄介な外見を持った比較の政治力学に直面する。すなわち、第三世界の国家は自らが闘っている認識論的枠組みから派生した結果としてある、という以外の仕方で存在することができず、どんなに試みてもその枠組みから自由になることができないのだ。

第三世界のナショナリズム思想は、とチャタジーは書く、「ある知の枠組みの内部で意味を持つものとなるが、その知の表象の構造はナショナリズム思想がまさに攻撃しようとする構造そのものと一致している」。非西洋文化における差異がこのように強力にあらかじめ台本のなかに（欠如、劣等性、模倣として）書き込まれているとすれば、いったいどのようにしてそうした差異の（たとえば国民文学という形式における）特異性に接近することが可能だろうか？　そのような差異を美的、内省的に判断するとはどういうことだろうか？　すなわち、批判すべき判断のもととなる関係性とは何であって、それが謂わば「失敗する」根拠はどこに求められるべきか？　西洋的な判断の枠組みによって非西洋の「達成」や文化的差異は派生物としてしか見なされてこなかったわけだが、こうした美的な判断力は参照枠があくまで西洋的であった比較の政治力学から自立することができるだろうか？あるいはチャタジーが言うように、「ナショナリズム思想は世界を征服してきた知のシステムの根幹そのものを否定するに足るだけの秩序をもった言説を生み出し得るだろうか？[42]」こうした問いを踏まえてチャタジーは、ベネディクト・アンダーソンの有名な「想像の共同体」という出版資本主義時代の国民国家概念に次のようなレトリカルな問いをもって応答するのだ――「いったい誰の想像の共同体なのか？[43]」と。

こうなると私が「ヨーロッパとその他者たち」という略称で論じてきた比較に関する支配的思考の枠組みも、チャタジー、ジョージ、アロンゾ、ジャスダニス、サカイといった人びとの研究で見てきたように、「ポストヨーロッパ文化と西洋」とも言うべきパラダイムによって補足され（そして比較され）なくてはならないのではないか。すでに論じてきたように、最初の枠組みがヨーロッパを安定した知の格子枠として設置しそこに他者が次々に加えられていく、そのような記号論的関係を示唆するとするなら、第二のパラダイムは一見自らに埋没して固執しているようでありながら、ポストコロニアル状況におけるインド、アフリカ、スペイン語圏アメリカ、近代ギリシア、日本などといった例が示すように、こうした文化は多様な自己表象を通じてヨーロッパが優越の指標としてつきまとう比較と判断力に基づく亀裂の入った支配的関係をすでに含み込んでいる。この第二のパラダイムにおける接続詞「と」は分類を旨とした追加と包摂を示す「と」ではない。むしろそれは、ある時間的な関係を指示しているのであり、そこではヨーロッパが空間的に（地図に描くことのできる地理的場所として）というよりも、一つの記憶として、たゆたうイデオロギーと感情的効果の結節点として体験されている。そしてこうしたイデオロギーや感情による効果が生きられた歴史における侵略の形をとり、言語を介した文化的意識を形成する条件である暴力の記憶となっているのだ。このような第二の押しつけられた強迫神経的な「と」と、「ヨーロッパとその他者たち」における自ら悦にいったような「と」、この二つの「と」のあいだの断絶こそは、比較文学が学問分野としても今日の実践としても抱えている裂け目と脱領土化の大きさを示す指標なのである。[44]

正確に言えば、こうしたポストヨーロッパ的な文化は、「つねにすでに」存在するヨーロッパと、そうした文化が自らの過去として今生きざるを得ない様々な歴史と伝統との双方に囚われている。そのような過去はたとえ過ぎ去ったことであっても、忘れられた未完の可能性を伴って多くの抑圧された時の指標としていつでも噴出するのだ。H・D・ハルトゥーニアンが「比較の戦略」と呼ぶもので喚起しようとするのも、このようなつねに隠されてきた時間の関係についてである。(45) フーコーによる古典時代の図表的認識の議論とヨハネス・フェービアンによる比較西洋文化を物象化する西洋人類学批判と共鳴するように、(46) ハルトゥーニアンは今日、人文・社会科学で行われている研究の多くが地域研究からポストコロニアリズム、カルチュラル・スタディーズを含め、比較して思考するというときに時間－空間の関係よりも空間を優先する傾向があると示唆する。彼の次のような言葉は歴史学上の問題に向けられたものだが、同様に「ヨーロッパとその他者たち」という比較文学の問いにも通じる。

比較するというこの避けがたい衝動は、地政学的な特権に基づく範疇に従って分類し整理するという戦略と綯い交ぜになっている。こうした分類原則の結果として、様々な社会は産業技術の達成を誇る強力な中心、つまり欧米諸国からの空間的距離に従ってランクづけされざるを得ず、それと生活の同一化を期待されてきた。ある意味でこれは、冷戦時代における地位と歴史の凍結をもたらした政治勢力の階層化の陰画にすぎない。

このような分類の戦略自体、空間的なものとの固定的な一致を意味しているのだが、それは自然史のモデルを踏襲することで進化論の軌跡として描きだされ、それに基づいて比較という課題を定義づけてきた。それこそがヨハネス・フェービアン言うところの、「あらゆる時代、あらゆる場所における人間文化を『同等に』取り扱うことを可能にする巨大で万能な知的機械」を構成していたのである。[47]

ハルトゥーニアンによれば、様々な差異が空間的な区別として想像されているため、ポストヨーロッパの文化において多様な時間性の交錯によって日常レヴェルで痕跡を残してきた不均衡で不平等な物資的条件が忘却され、それによってそこに刻まれているはずの比較の可能性も（さらに私たちはここに先に論じた美的、内省的な判断力の可能性を含むことができるだろう）忘れ去られてきた。このような理由からハルトゥーニアンは、ベネディクト・アンダーソンがより最近の著作で述べる「比較の幻影」について疑問を呈する。アンダーソンの本の書評でハルトゥーニアンは、そのような「幻影」がいまだに明らかにヨーロッパのそれであって、アンダーソンはそれを空間、場所として、すなわち源となる比較を絶した原点として他に優越させているようだ、と論じる。[48] ハルトゥーニアンにとって、新たな比較実践を支えるべきなのはむしろ、「欧米と軌を一にしながら、その差異がヨーロッパの亡霊によって劇的に表象されてきたような近代、そのような近代性を形成せざるを得なかった様々な非ヨーロッパ社会という、より大きな幻覚のありようであり、それは過去と近代以前の文化を参照項とすることで、いまだ死んではいないが抑圧され過剰となってしまった幽霊のように出現し……いつでも戻ってきて……歴史的現在につきまといそれをかき乱すのだ[49]」。

ハルトゥーニアンは「ヨーロッパとその他者たち」という形での比較の政治力学には明らかに批判的だが、その議論が示唆するのは、「ポストヨーロッパ文化と西洋」という図式における比較もまた私たちの制約になってはならないということだ。ここにこそ、今問題としていることへのハルトゥーニアン独自の貢献がある。ハルトゥーニアンによる将来の比較実践においては、「ポストヨーロッパ文化と西洋」における「と」も切り離される必要があるからだ。そのことによってこれまで強迫的な存在として歴史的な特異性を主張してきたものが、ようやく時間的に限界を定められた現象となることができる。そしてその代わりに、異なった時間的力学によって媒介された他の補足可能性、他の記号論的つながりが見えてくる。そのとき「ヨーロッパとその他者たち」および「ポストヨーロッパ文化と西洋」という因襲的枠組みも、他のいまだ実現されていない比較の領野へと道を譲るかもしれない。そのような望みをはらんだ視野が開く広がりと内容とを、私たちは今ようやく想像しかけているのである。(50)

原註

序論　アメリカ合州国におけるヨーロッパ発の理論

（1）Michel Foucault, *The Order of Things: An Archaeology of the Human Sciences*, translated by Alan Sheridan (London: Tavistock, 1970).〔M・フーコー／渡辺一民・佐々木明訳『言葉と物――人文科学の考古学』新潮社、一九七四年〕今後、原著の頁数は引用の後に括弧に入れて記す。

（2）フーコーが有限性という概念で何を意味しようとしていたのかについては、バリー・スマートによる簡潔な説明がある――「フーコーによれば、近代西洋文化における個人性は一般に有限性と分かちがたく結びついている。すなわちそれは経験主義的な医学から導きだされてきた死の観念と深い関係を持っているのであり、そのような医学が人間科学の形成に方法論的にも存在論的にも大きな影響を及ぼすほど重要だったのである」。Barry Smart, *Michel Foucault* (1985; rev ed., London: Routledge, 2002), 31.〔B・スマート／山本学訳『ミシェル・フーコー入門』新曜社、一九九一年、三五頁〕

（3）George Canguilhem, "The Death of Man, or Exhaustion of the Cogito," translated by Catherine Porter, in *The Cambridge Companion to Foucault*, edited by Gary Gutting (Cambridge: Cambridge University Press, 1994), 82-83.

（4）Michel Foucault, *The Archaeology of Knowledge*, translated by A. M. Sheridan Smith (New York: Pantheon, 1972)〔M・フーコー／中村雄二郎訳『知の考古学』改訳新版、河出書房新社、一九八一年／慎改康之訳、河出文庫、二〇一二年〕を見

よ。

(5) Simon During, *Foucault and Literature: Towards a Genealogy of Writing* (London and New York: Routledge, 1992), 92.

(6) この概念的枠組みは、Michel Foucault, *Discipline and Punish: The Birth of the Prison*, translated by Alan Sheridan (New York: Pantheon, 1977)〔M・フーコー／田村俶訳『監獄の誕生――監視と処罰』新潮社、一九七七年〕にもっとも明らかだが、類似のものをすでにMichel Foucault, *Madness and Civilization: A History of Insanity in the Age of Reason*, translated by Richard Howard (abridged ed., New York: Pantheon, 1965)〔M・フーコー／田村俶訳『狂気の歴史――古典主義時代における』新潮社、一九七五年〕にも探ることができよう。

(7) Roland Barthes, *Mythologies*, selected and translated from the French by Annette Lavers (Frogmore, St Albans: Paladin, 1973), 132-33.〔R・バルト／篠沢秀夫訳『神話作用』第二版、現代思潮社、一九六七年、一七三―四頁〕バルトについてのより広範な議論は本書の「言及性への介入」という章でなされる。

(8) Barthes, *Mythologies*, 133-35〔バルト『神話作用』一七四―五頁〕を見よ。

(9) During, *Foucault and Literature*, 116.

(10) たとえばガヤトリ・スピヴァク (Gayatri Spivak) が*Death of a Discipline* (New York: Columbia University Press, 2003)〔上村忠男・鈴木聡訳『ある学問の死――惑星思考の比較文学へ』みすず書房、二〇〇四年〕のなかで比較文学について論じながら、似たようなロマン主義的でモダニズム的な文学理解を呼びかけている。スピヴァクによれば、それは「システムから逃れる」(p. 52〔同訳、八九頁〕)もので、「歴史を驚愕させる要素を含んだ」(p. 55〔同訳、九四頁〕)「体制転覆的」(p. 56〔同訳、九五頁〕)で「不気味なもの」(p. 74〔同訳、七三―七四頁〕)である。そのような文学の定義はフーコーが述べている西洋における「文学的」言語が興隆する軌跡とぴったり一致するが、スピヴァクはヨーロッパの正典だけでなくスピヴァク言うところの「地球南部 (global south)」の文学についても論じている。

(11) 比較のために、レイモンド・ウィリアムズによる西洋近代史における文学概念の興隆についての議論を参照のこと。ウィリアムズはいかに「文学」という単語が読解能力と読書体験というそれまでの意味をしだいに失って、特殊で想像力にもとづく特質をもった客観的なカテゴリーとされるものとなっていったかを論じている。Raymond Williams, *Marxism and Literature* (Oxford: Oxford UP, 1977), 45-54.

(12) Michel Foucault, *The History of Sexuality, Volume 1: An Introduction*, translated by Robert Hurley (New York: Vintage, 1980), in particular 58-73〔M・フーコー／渡辺守章訳『性の歴史Ⅰ　知への意志』新潮社、一九八六年、特に七六―九二頁〕を見よ。

(13) Fredric Jameson, *The Prison-House of Language: A Critical Account of Structuralism and Russian Formalism* (Princeton: Princeton University Press, 1972).〔F・ジェイムソン／川口喬一訳『言語の牢獄――構造主義とロシア・フォルマリズム』法政大学出版局、一九八八年〕

(14) Gilles Deleuze, *Foucault*, translated by Seán Hand, foreword by Paul Bové (Minneapolis and London: University of Minnesota Press, 1988), 42-43.（引用者による強調）〔G・ドゥルーズ／宇野邦一訳『フーコー』河出書房新社、一九八七年、七一―七二頁／河出文庫版、二〇〇七年〕ドゥルーズによるブランショへの言及は、ブランショの Maurice Blanchot, *L'entretien infini* (Paris: Gallimard, 1969), 292 にある。関連した議論として Michel Foucault and Maurice Blanchot, *Foucault/Blanchot*, translated by Jeffrey Mehlman and Brian Massumi (New York: Zone Books, 1987).

(15) Deleuze, *Foucault*, 43〔ドゥルーズ『フーコー』七二頁〕も見よ。

(16) During, *Foucault and Literature*, 93.

(17) この点に関する優れた考察としては、Anouar Majid, *Unveiling Traditions: Postcolonial Islam in a Polycentric World* (Durham and London: Duke University Press, 2000) のとくに "Can the Postcolonial Critic Speak? Orientalism and the Rushdie Affair" (pp. 22-49) という章を見よ。

（18）「標的」という単語の最近の議論では、Samuel Weber, *Targets of Opportunity: On the Militarization of Thinking* (New York: Fordham University Press, 2005) の「序文」が参考になる。ウェーバーの議論には共感するべき点が多いが、私が最初に NEH Summer Institute, "American Wars in Asia: A Cultural Approach" (University of Montana, Missoula, June 29, 1995) での "The Age of the World Target: War, Vision, and Cultural Politics" という講義のなかで「標的」という語を使って以来、私はをこの語を文字どおりの意味で使うことで、計画された正確な軍事目標という意味を保持するよう努めてきた。この点については次の章でさらに詳しく議論する。

（19）Shu-mei Shih, "Global Literature and the Technologies of Recognition," *PMLA* 119.1 (2004): 18.

（20）H. D. Harootunian and Masao Miyoshi, "Introduction: The 'Afterlife' of Area Studies," in *Learning Places: The Afterlives of Area Studies*, edited by Masao Miyoshi and H. D. Harootunian (Durham and London: Duke University Press, 2002), 5-6.

（21）この状況をやや違ったかたちで捉えているスーザン・ヘゲマンは次のように述べている。「冷戦期の『三つの世界』パラダイムは世界を、自己（合理的で発展した『自由な』第一世界）と他者（イデオロギーに染まった共産主義的な第二世界）、それに自己と他者がせめぎあう領域（発展途上の合理性以前、イデオロギーにまだ染まっていない第三世界）とに分け、そのような階層的理解によってアメリカ合州国の社会を『第一世界』にあるとともに、『第三世界』の『現実的で』非イデオロギー的な希望にまたがるものと考えようとした」。Susan Hegeman, *Patterns for America: Modernism and the Concept of Culture* (Princeton: Princeton University Press, 1999), 168.

（22）この問題については、Rey Chow, *Writing Diaspora: Tactics of Intervention in Contemporary Cultural Studies* (Bloomington and Indianapolis: Indiana University Press, 1993), 120-43 の "The Politics and Pedagogy of Asian Literatures in American Universities"〔R・チョウ／本橋哲也訳「アメリカの大学におけるアジア文学教育の政治学」同『ディアスポラの知識人』青土社、一九九八年、第六章〕という章で論じたことがある。この章は最初 *differences* 2.3 (fall 1990): 29-51 に発表された論文を書きなおしたものである。

（23）Harootunian and Miyoshi, "Introduction," ii.

（24）Pierre Bourdieu, *Language and Symbolic Power*, edited and introduced by John B. Thompson, translated by Gino Raymond and Matthew Adamson (Cambridge, Mass.: Harvard University Press, 1991)〔P・ブルデュー／稲賀繁美訳『話すということ——言語的交換のエコノミー』藤原書店、一九九三年〕を見よ。

（25）ハルトゥーニアンは、かつて大学院でアジア研究をしていたときの戸惑いを次のように述べている。「フランスやイタリア、イギリスは人が勉強や研究のために行くところだが、日本、アジアやアフリカは実地観察や記録のために行くところ、あるいは介入すべき場所とされていた。このようなフィールド感覚は心の奥底でこれらの場所と植民地主義的無意識とがつながっていることを示しており、いまだにそうした場所は観察と代理表象を必要とする『原地人』が住むところとして見なされていたのである」。H. D. Harootunian, "Postcoloniality's Unconscious/Area Studies' Desire," in Miyoshi and Harootunian, eds., *Learning Places*, 161. Harootunian and Miyoshi, "Introduction," 7 も見よ。

（26）Sylvère Lotringer and Sande Cohen, eds., *French Theory in America* (New York: Routledge, 2001).

（27）Sylvère Lotringer and Sande Cohen, "Introduction: A Few Theses on French Theory in America," *French Theory in America*, 1. 引用者による強調。

（28）この本（Lotringer and Cohen, eds., *French Theory in America*）のなかの論文に対する私の読みは著者たちの意図を単純化しすぎているかもしれないが、私が指摘している（ヨーロッパを称賛しアメリカを貶めるという）イデオロギー的傾向は明らかに存在すると思う。この本のなかでこうした傾向を免れているものとしては、以下の数論文があるのみだ。Donald F. Theall, "Marshall McLuhan, Canadian Schizo-Jansenist and Pseudo-Joycean Precursor of and Preparer for the Dissemination of French Theory in North America" (111-23); Andrea Loselle, "How French Is It?" (217-35); Kriss Ravetto, "Frenchifying Film Studies: Projecting Lacan onto the Feminist Scene" (237-57); Chris Kraus, "Supplement B: Ecceity, Smash and Grab, the Expanded I and Moment" (303-308).

（29） 第二次世界大戦中およびその後のニュークリティシズムの方法とアメリカ合州国の軍事諜報戦略とのつながりの重要性については、William H. Epstein, "Counter-Intelligence: Cold-War Criticism and Eighteenth-Century Studies," *English Literary History* 57.1 (Spring 1990): 63-99 を見よ。また Richard H. Okada, "Areas, Disciplines, and Ethnicity," in Miyoshi and Harootunian, eds., *Learning Places*, 190-205 が、エプシュタインによる地域研究と日本文学研究との関係の議論を検討している。

（30） Françoise Lionnet, "Performative Universalism and Cultural Diversity: French Thought and American Contexts," in *Terror and Consensus: Vicissitudes of French Thought*, edited by Jean-Joseph Goux and Philip R. Wood (Stanford: Stanford University Press, 1998), 123.

（31） 以下に挙げるこれらの学者たちの代表的著作は包括的なものではなく、またこの分野の関係著作を詳細に記したものでもない。単にこのリストはフランスやヨーロッパの理論が北アメリカの英語圏学問世界でいかに大きな役割を果たしてきたかを示唆するにすぎない。Edward Said, *Orientalism* (New York: Vintage, 1978)〔E・W・サイード／板垣雄三・杉田英明監修、今沢紀子訳『オリエンタリズム』平凡社、一九八六／一九九三年〕; Gayatri Chakravorty Spivak, *In Other Worlds: Essays in Cultural Politics* (New York: Methuen, 1987)〔G・C・スピヴァック／鈴木聡ほか訳『文化としての他者』紀伊國屋書店、一九九〇年〕; Homi Bhabha, *The Location of Culture* (New York: Routledge, 1994)〔H・K・バーバ／本橋哲也ほか訳『文化の場所——ポストコロニアリズムの位相』法政大学出版局、二〇〇五年〕; Chandra Talpade Mohanty, *Feminism without Borders: Decolonizing Theory, Practicing Solidarity* (Durham and London: Duke University Press, 2003); Gauri Viswanathan, *Masks of Conquest: Literary Study and British Rule in India* (New York: Columbia University Press, 1989); Masao Miyoshi, *Off Center: Power and Culture Relations between Japan and the United States* (Cambridge, Mass.: Harvard University Press, 1991)〔M・ミヨシ／佐復秀樹訳『オフ・センター——日米摩擦の権力・文化構造』平凡社、一九九五年〕; Naoki Sakai, *Translation and Subjectivity: On "Japan" and Cultural Nationalism* (Minneapolis: University of

Minnesota Press, 1997)〔日本語版、酒井直樹『日本思想という問題——翻訳と主体』岩波書店、一九九七年〕; Harry Harootunian, *Overcome by Modernity: History, Culture, and Community in Interwar Japan* (Princeton: Princeton University Press, 2000)〔H・ハルトゥーニアン／梅森直之訳『近代による超克——戦間期日本の歴史・文化・共同体』上下、岩波書店、二〇〇七年〕; H. Richard Okada, *Figures of Resistance: Language, Poetry and Narrating in* The Tale of Genji *and Other Mid-Heian Texts* (Durham and London: Duke University Press, 1991); Mitsuhiro Yoshimoto, *Kurosawa: Film Studies and Japanese Cinema* (Durham and London: Duke University Press, 2000); Xiaomei Chen, *Occidentalism: A Theory of Counter-Discourse in Post-Mao China* (New York: Oxford University Press, 1995); Ann Laura Stoler, *Race and the Education of Desire: Foucault's* History of Sexuality *and the Colonial Order of Things* (Durham and London: Duke University Press, 1995); Jenny Sharpe, *Allegories of Empire: The Figure of Woman in the Colonial Text* (Minneapolis: University of Minnesota Press, 1993); Simon Gikandi, *Maps of Englishness: Writing Identity in the Culture of Colonialism* (New York: Columbia University Press, 1996); Gaurav Desai, *Subject to Colonialism: African Self-Fashioning and the Colonial Library* (Durham and London: Duke University Press, 2001); Olakunle George, *Relocating Agency: Modernity and African Letters* (Albany: State University of New York Press, 2003); Doris Sommer, *Foundational Fictions: The National Discourses of Latin America* (Berkeley and Los Angeles: University of California Press, 1991); Mary Louise Pratt, *Imperial Eyes: Travel Writing and Transculturation* (New York: Routledge, 1992); Carlos J. Alonso, *The Burden of Modernity: The Rhetoric of Cultural Discourse in Spanish America* (New York: Oxford University Press, 1998); Saidiya V. Hartman, *Scenes of Subjection: Terror, Slavery, and Self-Making in Nineteenth-Century America* (New York: Oxford University Press, 1997); Hortense J. Spillers, *Black, White, and in Color: Essays on American Literature and Culture* (Chicago: University of Chicago Press, 2003); Lisa Lowe, *Immigrant Acts: On Asian American Cultural Politics* (Durham and London: Duke University Press, 1996); David Palumbo-Liu, *Asian/American: Historical Crossings of a Racial Frontier* (Stanford: Stanford University Press, 1999); Smaro Kamboureli, *Scandalous Bodies: Diasporic Literature in English Canada* (Don Mills, Ontario: Oxford University Press, 2000).

（32） Lionnet, "Performative Universalism and Cultural Diversity," 124.

（33） Rey Chow, "Poststructuralism: Theory as Critical Self-Consciousness," in *The Cambridge Companion to Feminist Literary Theory*, edited by Ellen Rooney (Cambridge: Cambridge University Press, forthcoming 2006) を見よ。

（34） Michel Foucault, *The History of Sexuality, Volume II: The Use of Pleasure*, translated by Robert Hurley (New York: Pantheon, 1985); *The History of Sexuality, Volume III: The Care of the Self*, translated by Robert Hurley (New York: Pantheon, 1986).〔M・フーコー／田村俶訳『性の歴史II　快楽の活用』新潮社、一九八六年、同『性の歴史III　自己への配慮』新潮社、一九八七年〕

（35） Paul Veyne, "The Final Foucault and His Ethics," translated by Catherine Porter and Arnold I. Davidson, in *Foucault and His Interlocutors*, edited and introduction by Arnold I. Davidson (Chicago: University of Chicago Press, 1997), 225-33 がフーコーの最後期の著作と死の直前の日々について活写している。Smart, *Michel Foucault*, 108-17〔スマート『ミシェル・フーコー入門』一七五―一八九頁〕には、フーコーによるギリシア、ラテンのテクストの使用についての役に立つコメントがある。

（36）「地域研究のモデルでは、他の国の研究が一種のゆるい比較主義として機能しており、そこではアメリカ合州国を世界の政治や歴史において模範的な民主的構造をもったものとするような語りのなかで、たとえばソヴィエト連邦が一役買うといったことが行われていたのである」。Hegeman, *Patterns for America*, 191-92.

第1章　世界が標的となる時代

（1） 広島に落とされた爆弾がどのような惨禍をもたらしたかの報告としては、John Hersey, *Hiroshima* (New York: Alfred A. Knopf, 1946)〔J・ハーシー／石川欣一・谷本清・明田川融訳『ヒロシマ』増補版、法政大学出版局、二〇〇三年〕を見よ。ハーシーの報告は最初に *The New Yorker*, August 31, 1946 に発表された。この記事からの抜粋が戦争終結五〇周年記念号に再掲されている（*The New Yorker* (July 31, 1995): 65-67）。二番目の長崎に落とされた爆弾に関する歴史や証言については、Frank W. Chinnock, *Nagasaki: The Forgotten Bomb* (New York and Cleveland: The World Publishing Company, 1969)〔F・W・チンノック／小山内宏訳『ナガサキ――忘れられた原爆』新人物往来社、一九七一年〕を見よ。関係する事項として、なぜ京都が爆撃されなかったかに関する短い説明が、Otis Cary, *Mr. Stimson's "Pet City" / The Sparing of Kyoto, 1945* (Moonlight Series No. 3; Kyoto: Amherst House, Doshisha University, 1975) にある。

（2）John W. Dower, "The Bombed: Hiroshimas and Nagasakis in Japanese Memory," *Diplomatic History* 19.2 (Spring 1995), 275-95; 引用は p. 281 より。Ian Buruma, *The Wages of Guilt: Memories of War in Germany and Japan* (New York: Farrar Straus Giroux, 1994)〔I・ブルマ／石井信平訳『戦争の記憶――日本人とドイツ人』TBSブリタニカ、一九九四年〕も見よ。ブルマはこの本で次のように述べている。「日本人の大半にとって、ヒロシマは太平洋戦争の最たるシンボルである。日本人が被った災厄がこのヒロシマというほとんど神聖な単語に集約されているのだ」〔一一六頁〕。ブルマは広島が日本において無垢な殉教者と終末のイメージを表わすイコンとして他を排除するほど神聖視され、アジア太平洋戦争の歴史からほとんど切り離されるまでになった過程を批判的に叙述する。こうした広島の神聖化の過程で、中国をはじめとした他国の侵略に日本が従事していた時期に広島が軍事活動の拠点であったという事実が忘れ去られてきたというのだ。「原子爆弾が投下された当時の広島には、帝国陸軍の第二総軍が置かれていた（第一総軍は東京）」(p. 106〔同訳、一三二頁〕)。ブルマはこの本の第二部と第三部で、南京大虐殺と日本の戦争犯罪に対する様々な戦後の反応についても述べている。

（3）Lisa Yoneyama, *Hiroshima Traces: Time, Space, and the Dialectics of Memory* (Berkeley: University of California Press, 1999), 3.〔米山リサ／小沢弘明・小澤祥子・小田島勝浩訳『広島　記憶のポリティクス』抄訳、岩波書店、二〇〇五年、四頁〕

（4）広島とアウシュヴィッツを比較して論じた議論としては、Buruma, *The Wages of Guilt*〔ブルマ『戦争の記憶』〕を見よ。粟屋憲太郎によれば、ドイツの場合とは異なるが、日本でも国会を含めて自らにスティグマをおす意識はひろく共有されているという。Kentaro Awaya, "Controversies Surrounding the Asia-Pacific War: The Tokyo War Crimes Trials," translated by Barak Kushner, in *America's Wars in Asia: A Cultural Approach to History and Memory*, edited by Philip West, Steven I. Levine, and Jackie Hiltz (Armonk, N.Y.: M. E. Sharpe, 1998), 221-32.

（5）戦後日本における文学、歴史、政治、その他の文化言説の学問的研究としては例えば、John Whittier Treat, *Writing Ground Zero: Japanese Literature and the Atomic Bomb* (Chicago and London: University of Chicago Press, 1995)〔J・W・トリート／水島裕雅ほか監訳『グラウンド・ゼロを書く――日本文学と原爆』法政大学出版局、二〇一〇年〕; Yoneyama, *Hiroshima Traces*〔米山『広島　記憶のポリティクス』〕; Yoshikuni Igarashi, *Bodies of Memory: Narratives of War in Postwar Japanese Culture, 1945-1970* (Princeton: Princeton University Press, 2000)〔日本語版は、五十嵐惠邦著『敗戦の記憶――身体・文化・物語　１９４５―１９７０』中央公論新社、二〇〇七年〕を見よ。また、*Living with the Bomb: American and Japanese Cultural Conflicts in the Nuclear Age*, edited by Laura Hein and Mark Selden (Armonk, N.Y.: M. E. Sharpe, 1997) には多くの知見に富んだ考察が収められている。アメリカ合州国における戦後初期の核文化については、Paul Boyer, *By the Bomb's Early Light: American Thought and Culture at the Dawn of the Atomic Age* (New York: Pantheon, 1985); reprinted with a new preface by the author (Chapel Hill and London: University of North Carolina Press, 1994) を見よ。

（6）"The Mushroom Cloud Over Art," *The Economist* (February 25, 1995): 87-88.

（7）ニューメキシコのトリニティ・サイトで一九四五年七月一六日に行われたプルトニウム爆弾実験は主に概念上の実験で、核反応が試行されただけであり、正確な進捗メカニズムや現実の標的に対する爆発の影響が試されたわけではなかった。「トリニティ以降広島までのあいだ、［科学者にとって］原子爆弾はある種の畏怖すべき抽象物であり続けていた。たしかに実験されはしたものの、戦争の兵器としてはまだ想像の枠外にあったのだ」。Michael S. Sherry, *The Rise of American Air Power: The Creation of Armageddon* (New Haven and London: Yale University Press, 1987), 343. シェリーは註で、トリニティでなされた被爆地の人口にどんな被害が生じうるかについての数値情報を付け加えている

(nn. 112, 113, on 417)。

(8) アメリカ合州国の軍事政策策定者のあいだで、非戦闘員を殺害しないという以前の道徳観から全面戦争という新たな考え方に変化した過程については、Barton J. Bernstein, "The Atomic Bombings Reconsidered," *Foreign Affairs* 74:1 (January/February 1995): 135-52〔B・J・バーンスタイン「検証・原爆投下決定までの三〇〇日」『フォーリン・アフェアーズ』日本語版、一九九五年二月号〕を見よ。マレー・セイルによれば、非戦闘員を爆撃しないという道徳的境界は一九四四年二月のドレスデン爆撃ですでに超えられていた。"Letter from Hiroshima: Did the Bomb End the War?," *The New Yorker* (July 31, 1995): 40-64 を見よ。著名な科学者、政治家を含む原子爆弾の使用にいたる出来事の浩瀚で詳細な歴史書としては、Richard Rhodes, *The Making of the Atomic Bomb* (New York: Simon and Schuster, 1986)〔R・ローズ/神沼二真・渋谷泰一訳『原子爆弾の誕生──科学と国際政治の世界史』上下、啓学出版、一九九三年〕を見よ。

(9) 原子爆弾の命名をめぐるジェンダーの力学についてシェリーは次のように述べている。「男性の支配する世界であった西洋科学は、自然界の秘密を解こうと切望してきた。ときに科学者たちはしばしば女性や女らしさと結びつけられることの多い自然界から逃れることによって永遠の命を獲得しようとさえしてきたのだ。ロス・アラモスの科学者たちの使う言葉はまさにそのような切望を示唆している。……女らしさは弱点であり、男らしさは自然と死が運命づけられた現実を超越する権力だったのだ。もしこれらの男たちが究極的な力という男性的幻想を抱いていたとしたなら、彼らが原子爆弾に(ファットマンとリトルボーイという)男性的な名前をつけたことはおそらく偶然ではないだろう」(*The Rise of American Air Power*, 202-3)。これとは対照的に、爆撃機の乗組員たちは自分たちの飛行機に女性の名前をつけることが多かったのだが、それはそうした爆撃機が「男がコントロールできない女性の予測不可能な力を象徴的に秘めたもの」と見なされていたからである(*The Rise of American Air Power*, 215)。

(10) これらの出来事を個人の視点から回想したものとしては、Philip Morrison, "Recollections of a Nuclear War," *Scientific American* 273.2 (August 1995): 42-46 を見よ。ニュートロン技術者であったモリソンは、シカゴとロス・アラモスでマンハッタン計画に従事するよう召集された物理学者の一人だった。

（11） Evan Thomas, "Why We Did It," *Newsweek* (July 24, 1995): 28.〔E・トーマス「『決断』にいたる道」『ニューズウィーク』日本語版、一九九五年七月二六日号〕Hersey, *Hiroshima*, 107-8〔ハーシー『ヒロシマ』一〇三頁〕およびブルマの「あまり語られない次のような事実もある。すなわち長崎の原子爆弾は社会の底辺層やキリスト教者が住む地域の真上で爆発したのだ」という指摘もある（Buruma, *The Wages of Guilt*, 100〔ブルマ『戦争の記憶』一二五頁〕）。

（12） Sherry, *The Rise of American Air Power*, especially chapters 8 and 9 (219-300) を見よ。

（13） 「トルーマン大統領の証言によれば、原子爆弾を使用するという彼の決断は全く躊躇なく下された」（Monica Braw, *The Atomic Bomb Suppressed: American Censorship in Occupied Japan* (Armonk and London: M. E. Sharpe, 1991), 138〔M・ブラウ／立花誠逸訳『検閲　１９４５―１９４９――禁じられた原爆報道』時事通信社、一九八八年、一九〇頁〕）。ブラウが典拠としているのは、*Harry S. Truman, Year of Decisions*, Vol. 1 of *Memoirs* (Garden City, N.Y.: Doubleday, 1955), 302〔H・S・トルーマン／堀江芳孝訳『トルーマン回顧録Ｉ』恒文社、一九六六／一九九二年、二九九頁〕である。セイルは次のように書いている。「誰もヒロシマに爆弾を落とすという決断を進んでしたわけではなく、消極的なものにすぎなかった。つまり、何年も前に全く違った状況で始まったプロセスを止めないほうがいいという判断だったのだ。トルーマンはのちに『心配しなくてはならない決断では全くなかった』と述べたが、決断というものは選択肢をはらむものであるにもかかわらず、トルーマンは日本の都市に原子爆弾を使用することを延期するとか、他の選択肢を考えることは全くなく、人から示唆されることもなかったのだ」（"Letter from Hiroshima," 54）。Osborn Elliott, "Eyewitness," *Newsweek* (July 24, 1995)〔O・エリオット「今も覚えている　ヒロシマの姿」『ニューズウィーク』日本語版、一九九五年七月二六日号〕も見よ――「ハリー・トルーマンは……自らが抱いていた呵責を全て押し殺してしまったのだ。一九四七年に行われた記者会見でトルーマンは記者たちに『当時私は全く疑いをもっていなかった』と語っており、彼は自分の決断が二五万人のアメリカ人の命を救ったと言った。後になるとトルーマンは救われた命の数を五〇万とか一〇〇万にまで上げるようになる。『もういちどやってもいい』と彼は一九五六年に述べている。死の七年前の一九六五年にも原子爆弾を落とすことを『躊躇しはしない』と繰り返した」（p. 30）。（トルーマンだけでなく軍の高官、科学者によって）どのように決断が下され、そうした決断の結果として、どんなプロセスによって爆弾が落とされたかについての詳しい分析は、Bernstein, "The Atomic Bombings Reconsidered" を見よ。

（14） Martin Heidegger, *The Question Concerning Technology and Other Essays*, translated and with an introduction by William Lovitt (New York: Harper Colophon Books, 1977), 135.〔引用されている著作は、M・ハイデッガー「世界像の時代」茅野良男、ハンス・ブロッカルト訳『ハイデッガー全集　第五巻　杣径』創文社、一九八八年、一一五頁〕ほかのところで私は、もっとも広い意味でグローバルなコミュニケーションを容易にすることを目指している現代のテクノロジーが物理的世界の実体性を減少させ、ときには消滅さえもたらしていることを詳しく論じたことがある。私の *Writing Diaspora: Tactics of Intervention in Contemporary Cultural Studies* (Bloomington and Indianapolis: Indiana University Press, 1993) の第八章 "Media, Matter, Migrants" を見よ〔R・チョウ／本橋哲也訳「第八章　メディア、事物、移民たち」同『ディアスポラの知識人』青土社、一九九八年〕。

（15） Martin Heidegger, "The Thing," *Poetry, Language, Thought*, translated and with an introduction by Albert Hofstadter (New York: Harper Colophon Books, 1975), 166.

（16） Paul Virilio, *War and Cinema: The Logistics of Perception* (1984), translated by Patrick Camiller (New York and London: Verso, 1989), 20.〔P・ヴィリリオ／石井直志・千葉文夫訳『戦争と映画――知覚の兵站術』平凡社ライブラリー、一九九九年、五九頁〕ヴィリリオの他の著作、とくに *Pure War* (with Sylvère Lotringer), translated by Mark Polizzotti (New York: Semiotext(e), 1983)〔P・ヴィリリオ、S・ロトランジェ／細川周平訳『純粋戦争』ユー・ピー・ユー、一九八七年〕もこの話題に関係がある。

(17) Paul Virilio, *The Vision Machine* (1988), translated by Julie Rose (Bloomington and Indianapolis: Indiana University Press, 1994), 49.

(18) Heidegger, *The Question Concerning Technology*, 129-30.〔『ハイデッガー全集　第五巻』、一一〇頁〕

(19) *Ibid*., 132.〔同訳、一一三頁〕

(20) *Ibid*., 128.〔同訳、一〇八頁〕

(21) *Ibid*., 135.〔同訳、一一五頁〕しかしここで註記しておかなくてはならないのは、ハイデガーが単数形で「人間（マン）」に関する哲学的議論を展開するさいに「アメリカニズム」という用語と彼が記述している近代科学やテクノロジーの発展とを同一視することに彼自身は乗り気ではないということだ（p. 135〔同訳、一一五頁〕を見よ）。そのかわりハイデガーは「アメリカニズム」を「いまだに把握されていないある巨大な種、まだ未完成で、近代という時代の完全で集積された形而上学的な本質にはいまだに起源をもっていない巨大なる」ものと定義している(Appendix 12, 153〔同訳、一三三頁、註一二〕)。

(22) Virilio, *War and Cinema*, 4〔ヴィリリオ『戦争と映画』一八頁〕に引用。

(23)「八月一〇日、長崎に原子爆弾が落ちた一日後、日本は天皇の存続を条件に降伏を申し出たが、虐殺の規模の大きさを理解したトルーマンはこれ以上子どもを殺したくないと閣僚たちに語った。……二個の原子爆弾のあとで集団虐殺の惨状が大統領を強制的に動かし、彼は一時的にではあれ古い型の道徳にもどって、一般市民は原子爆弾から守られるべきだと考えたのだ。しかしトルーマンは日本の都市を伝統的なやり方で爆撃することは認可し続けたのであり、ナパーム弾、焼夷弾その他の爆弾によって膨大な数の死者がもたらされていった。戦争の最後の日々であった八月一〇日から一四日のあいだにおよそ千機の飛行機が日本の都市を爆撃し、それは日本が降伏を表明するまで死者を量産し続けたのである。この数日で、アメリカ合州国はおそらく一万五〇〇〇人以上の日本人を殺した」(Bernstein, "The Atomic Bombings Reconsidered," 147-48)。*The Rise of American Air Power* のなかでシェリーは、アメリカ合州国の日本爆撃が戦略的かつ感情的な理由から行われたと論じている。「アメリカの空爆という究極的な怒りの鉄槌が日本に下されたのは、日本が他の国より戦闘的だったからではなく、比較的弱体だったからである。ドイツの力と執拗さのせいで侵攻する以外にドイツが降伏する見込みはないと思われ、それが連合国に侵攻以外の選択肢をほとんど与えなかった。それに比べて日本を空から攻撃することは容易だったので、アメリカは空軍を総動員する誘惑に駆られたのだ。印象として多くのアメリカ人の頭に日本人の熱狂が現実のものとして植えつけられていたのだが、それは戦略的な理由から行われた空爆と、復讐という感情的理由を正当化するために使われたのだった（p. 246）。いかに圧倒的な数の一般のアメリカ市民が日本を空爆することに賛成していたかを示す証拠が、Sadao Asada, "The Mushroom Cloud and National Psyches: Japanese and American Perceptions of the Atomic-Bomb Decision, 1945-1995," in Hein and Selden, eds., *Living with the Bomb*, 173-201 にある。アサダによれば、一九四五年八月一六日におこなわれたギャロップの世論調査で、八五パーセントの人が肯定的な答えをしている。それより少し後のローパー社の世論調査では、五三・五パーセントが二都市への原子爆弾投下に賛成、二二・七パーセントが日本が降伏の機会を摑む前にもっと早く多くの原子爆弾を使うべきだったと残念に思っているという結果が出た（p. 177）。アメリカ合州国において核時代の到来がどんな科学的・文化的な影響をもたらしたかについては、Boyer, *By the Bomb's Early Light* も見よ。

（24）Virilio, *War and Cinema*, 6.〔ヴィリリオ『戦争と映画』二四―五頁〕

（25）Michel Foucault, *The Order of Things: An Archaeology of the Human Sciences*, translated by Alan Sheridan (London: Tavistock Publications, 1970)〔M・フーコー／渡辺一民・佐々木明訳『言葉と物――人文科学の考古学』新潮社、一九七四年〕を見よ。フーコーが「エピステーメー」という言葉で意味しているのは、単に概念や観念ではなく、「現実」と表象との特殊な関係である。その関係が知を生産する（すなわち、知の可能性の条件としてその関係は存在する）のだが、歴史的時間が異なればその関係も変化する。

（26）皮肉なことに、この結びつきはフロイトがアインシュタインとの有名な対話で、戦争の両義性として論じていたものの証左となっている。フロイトにとってこの両面性こそは、文明を脅かすと同時に進展させるものであったからだ。James Strachey *et al.*, eds., *The Standard Edition of the Complete Psychological Works of Sigmund Freud* (London: Hogarth Press, 1964), Vol. 22, 197-215 のなかの "Why War?" (1932/33)〔S・フロイト／中山元訳「人はなぜ戦争をするのか」『人はなぜ戦争をするのか　エロスとタナトス』光文社古典新訳文庫、二〇〇八年所収／高田珠樹・嶺秀樹訳「戦争はなぜに？」『１９２９―３２年　ある錯覚の未来・文化の中の居心地の悪さ』新宮一成ほか編集委員「フロイト全集」第二〇巻、岩波書店、二〇一一年所収〕という項を見よ。

(27) Virilio, *War and Cinema*, 4.〔ヴィリリオ『戦争と映画』一九頁〕

(28) アメリカ合州国の冷戦期の軍事的イデオロギー、とくに核に関わるイデオロギーについては、Hugh Gusterson, *People of the Bomb: Portraits of America's Nuclear Complex* (Minneapolis and London: University of Minnesota Press, 2004) が多くの情報を提供してくれる。

(29) Dower, "The Bombed," 7.

(30) ダワーの指摘によれば、日本が戦後期に非軍事産業に転換したことも戦時期の多様で精巧な技術によって大いに助成された面があった。John W. Dower, *Japan in War and Peace: Selected Essays* (New York: The New Press, 1993) とくに 14-16 の "The Useful War" という章を見よ〔J・W・ダワー／明田川融監訳「役に立った戦争」同『昭和――戦争と平和の日本』みすず書房、二〇一〇年、九―二六頁〕。

(31) よく指摘されることだが、一九七〇年代と八〇年代における日本の経済大国化はアメリカ合州国において憂慮と敵意にみちた語りを新たに生みだした。ダワーによればそうしたレトリックは、第二次世界大戦中の日本に対する人種主義的な態度に根ざしていた。この点についての議論は、John W. Dower, *War without Mercy: Race and Power in the Pacific War* (New York: Pantheon Books, 1986), 311-17〔J・W・ダワー／猿谷要監修、斎藤元一訳『人種偏見――太平洋戦争に見る日米摩擦の底流』TBSブリタニカ、一九八七年、三七二―三七九頁／『容赦なき戦争――太平洋戦争における人種差別』平凡社、二〇〇一年、五一一―五一九頁〕を見よ。

(32) Sherry, *The Rise of American Air Power*, 204-18 に、空中戦の性格に由来するとともに、戦闘とは別個に飛行が要請するところの、敵からの「距離」の議論がある。空中戦の歴史において、飛行戦闘員は「自らをエリートとみなし、専門的な技量――テクニックの修得――を遂行することが敵と戦うよりも重要だとされるよう」条件づけられていた。「戦闘にのぞむ前も、そして戦闘が終わっても彼らは階級や教育、賢さといった要素によって自分たちのステータスを強化し、エリート・イメージを押し出そうとしていたのである」(p. 213)。

(33) Tim Weiner, "Pentagon Envisioning a Costly Internet for War," *The New York Times*, November 13, 2004, A1.「神の目から見た情景」という言い方は、アメリカ合州国最大の軍事企業であるロッキード・マーティン社の社長ロバート・J・スティーヴンスが使ったものとされている。

(34) Karl von Clausewitz, *On War*, edited and translated by Michael Howard and Peter Paret (Princeton: Princeton University Press, 1976), 184.〔K・v・クラウゼヴィッツ/篠田英雄訳『戦争論(上)』、岩波書店、一九六八年、二六八頁〕第一巻の第三章 "On Military Genius" (100-112)〔『戦争論(上)』八八―一二二頁〕により詳しい議論がある。

(35) ブルマの報告によれば、一九九二年七月に広島で開かれた国連軍縮会議で、「アメリカのハーヴァード大学の教授が広島への原爆が『第二次世界大戦を終わらせ一〇〇万の日本人の命を救った』と述べた。彼はさらに付け加えて、この惨劇の恐怖がそれ以降の核戦争を防ぐのに役立ってきたのであり、つまりヒロシマとナガサキは結局のところさらに何百万という人命を救ったことになるのだと言った」(*The Wages of Guilt*, 105〔『戦争の記憶』一三一頁〕)。Mary Palevsky Granados, "The Bomb 50 Years Later: The Tough Question Will Always Remain," *Los Angeles Times Magazine* (June 25, 1995): 10-11, 28-30 も見よ。グラナドスは、戦時中ロス・アラモス実験場の理論物理部長であり、「アメリカにおけるもっとも影響力のある軍縮の主唱者」と呼ばれてきたハンス・ベスが「核兵器の最初の使用は必要で正当なものだった」と確言していたことに衝撃を受けている(p. 28)。

(36) リチャード・ニクソンは一九六四年、彼が大統領となる四年前に広島を訪れており、ジミー・カーターは大統領職を退いた後の一九八〇年代後半に何度も日本を訪れたおりに広島を訪問している。どちらも戦争中にアメリカ合州国がしたことに遺憾の意を表明しなかった。一九九五年四月にビル・クリントンが(一九八五年八月のロナルド・レーガン、および一九九一年一二月のテレビ・インタヴューでのジョージ・ブッシュと同様)アメリカ合州国は日本に原子爆弾を使用したことに何ら謝罪の必要を認めないと公言し、トルーマンは「そのとき彼が直面していた事実に照らして」正しい判断を下したと述べた。Robert Jay Lifton and Greg Mitchell, *Hiroshima in America: Fifty Years of Denial* (New York: Grosset/Putnam, 1995), 211-22〔R・J・リフトン、G・ミッチェル/大塚隆訳『アメリカの中のヒロシマ(下)』岩波書店、一九九五年、一七一—一二三頁〕、および Asada, "The Mushroom Cloud and National Psyches," 182 を見よ。

(37) しかし何十年にもわたる破壊にもかかわらず、こうした地域におけるアメリカ合州国に対する態度はたんに敵意に満ちたものというよりは、両義的なものであることは指摘しておく必要があるだろう。たとえばヴェトナムのようなアメリカの軍事力によって破壊された国でも、皮肉なことに今日アメリカの企業が帰ってくることが広く歓迎されている(p. 8)。

(38) この点についてはジャクリーン・ローズの説得力ある議論、*Why War?/ Psychoanalysis, Politics, and the Return to Melanie Klein* (Oxford and Cambridge, Mass.: Blackwell, 1993), 15-40 にある、この本の第一章「なぜ戦争か」を見よ。

(39) Dower, *War without Mercy*, 127.〔ダワー『人種偏見』一六七頁/『容赦なき戦争』二三七頁〕ゴレーのほかにダワーが日本人の国民的性格を研究した著名な学者として挙げているのは、マーガレット・ミード、グレゴリー・ベイトソン、ルース・ベネディクト、クライド・クルックホーン、アレグザンダー・レイトンである(p. 119〔同訳、一五六頁/二二三頁〕)。もちろんこれらの学者たちの結論は同じではない。

(40) Dower, *War without Mercy*, 10.〔ダワー『人種偏見』一二—一三頁/『容赦なき戦争』四四—四五頁〕

(41) Braw, *The Atomic Bomb Suppressed*, 142.〔ブラウ『検閲　1945―1949』一九三頁〕第二次世界大戦後の原子爆弾に関する情報の検閲の詳細については、ブラウの本のとくに第一、二、八、九、一〇章を見よ。

(42) Braw, *The Atomic Bomb Suppressed*, 151.〔ブラウ『検閲　1945―1949』二〇五頁〕註記すべきは、そのような情報の検閲が司令官ダグラス・マッカーサーによって報道と表現の自由がおおやけに強調されていた、まさにそのときに起きた、ということだ。（マッカーサーは一九四五年九月一〇日に表現・報道の自由の指令を発布したが、九月一八日に日本の報道機関に対する検閲を再実施した。）軍事には通例の否定的な機能をもつ単なる検閲から、肯定的でなくてはならない道具へと変容したことによって、検閲は日本が敗戦国から民主主義的で平和を愛する国へと再興するのを助ける恵み深い仕事の道具に変わったのである。ブラウの本（pp. 143-56〔同訳、一九六―二一二頁〕）に詳しい議論がある。アメリカ合州国の科学者が広島と長崎を訪れて科学的情報を集めるために日本人の犠牲者を調べた、その同じ時期に原子爆弾の人間におよぼす影響の報告がどう検閲されたかについては、Gusterson, *People of the Bomb*, 63-72 を見よ。戦後の日本人、とくに原爆の犠牲者である被爆者の自発的な検閲については、Braw, "Hiroshima and Nagasaki: The Voluntary Silence," in Hein and Selden, eds., *Living with the Bomb*, 155-72 を見よ。戦後の日米関係の基礎となる語りを生みだした日本とアメリカ合州国における神話や歴史的出来事、社会的な言説の再考としては、Igarashi, *Bodies of Memory*, Chapter 1 (19-46) を見よ。

(43) Sherry, *The Rise of American Air Power*, 351.

(44) Yoneyama, *Hiroshima Traces*, 13, 15.〔米山『広島　記憶のポリティクス』一七―一八頁、二一頁〕

(45) たとえば John Keegan, *The Face of Battle* (London: Jonathan Cape, 1976), 319-34 における、「戦争の非人間的な顔」の議論を見よ。

(46) Sherry, *The Rise of American Air Power*, 253.

(47) H. D. Harootunian, "Postcoloniality's Unconscious/Area Studies' Desire," in *Learning Places: The Afterlives of Area Studies*, edited by

Masao Miyoshi and H. D. Harootunian (Durham and London: Duke University Press, 2002), 155.

(48) Bruce Cumings, "Boundary Displacement: The State, the Foundations, and Area Studies during and after the Cold War," in Miyoshi and Harootunian, eds., *Learning Places*, 261.　この論文は戦後から現在にいたる地域研究の歴史について詳細に事実や人物を論じており、私たちの目を開いてくれる。

(49) Edward W. Said, *Orientalism* (New York: Pantheon Books, 1978), 290.〔E・W・サイード／板垣雄三・杉田英明監修、今沢紀子訳『オリエンタリズム（下）』平凡社ライブラリー、一九九三年、二〇七頁〕序文で示唆したとおり、言語や文学の教育も（サイードの一般化とは異なり）地域研究のプログラムの重要な一部でありうる。もちろん標的となる「地域」によって様々に実践は異なるけれども。

(50) Cumings, "Boundary Displacement," 264-65.

(51) Said, *Orientalism*, 301.〔サイード『オリエンタリズム（下）』二二八—二二九頁〕

(52) *Writing Diaspora*〔『ディアスポラの知識人』〕の第一章と六章におけるアメリカの大学におけるアジア研究の教育と政治的力学についての私の議論を見よ。

(53) この示唆をくれたのはリチャード・H・オカダで、彼は地域研究における日本文学の地位を議論するなかで次のように論じている。ウィリアム・エプシュタインの研究に準拠しながらオカダは、ニュー・クリティシズムによる読解法と冷戦の戦略にはきわめて近似する点があると言う。その近似は、戦後の日本研究者が日本を本質化し美的対象としながら、他から隔絶した特殊で排他的な研究対象とすることによって再生産されたものである。Okada, "Areas, Disciplines, and Ethnicity," in Miyoshi and Harootunian, eds., *Learning Places*, 190-205 を見よ。翻訳と軍事暗号の解読への言及は p. 197 にある。

(54) 二〇世紀中葉にアジア太平洋戦争が一般にどう歴史的に表象されていたかの問題点に関する論文集としては、*Perilous Memories: The Asia-Pacific War(s)*, edited Takashi Fujitani, Geoffrey M. White, and Lisa Yoneyama (Durham and London:

Duke University Press, 2001）を見よ。

（55） Harootunian, "Postcoloniality's Unconscious/Area Studies' Desire," 151. 日本研究を例としてバーナード・S・シルバーマンは次のように説明している。「地域研究は固定された実体という概念から出発しており、日本人の生活に何が起きているかの実際の理解をもたらすことはできない。日本とは何らかの固定された実在ではないからだ。本質的な性格とか本質的な日本人性などというものはない。明らかに日本的なのはそれに沿って『取引』が起きる軸である。この軸はなんらかの系譜を必要とせず、そこに存在し、歴史的だが実体的ではない過程の産物として理解されている」。"The Disappearance of Modern Japan: Japan and Social Science," in Miyoshi and Harootunian, eds., *Learning Places*, 317.

（56） Harootunian, "Postcoloniality's Unconscious/Area Studies' Desire," 152.

（57） Ibid., 152-53.

（58） ポストコロニアル研究における英米中心主義の意味合いについての含蓄ある議論としては、ポストコロニアル研究と比較文学を特集した次の雑誌の特集号の諸論文を見よ。*Comparative Studies of South Asia, Africa and the Middle East* 23: 1&2 (2003), とくに Wail S. Hassan and Rebecca Saunders, "Introduction," 18-31.

（59） Harootunian, "Postcoloniality's Unconscious/Area Studies' Desire," 167.

（60） 主要被疑者であるティモシー・マクヴェイを牢獄で単独インタヴューした、David H. Hackworth and Peter Annin, "The Suspect Speaks Out," *Newsweek* (July 3, 1995): 23-26 を見よ。最終的に有罪とされたマクヴェイは二〇〇一年に死刑となったが、最後まで謝罪しなかった。共犯者のテリー・ニコルズは保釈の可能性のない終身刑に服している。

（61） この章には最初の発表時にくらべて多くの修正と加筆があるが、最初の版に貴重な貢献をしてくれたベス・ベイリー、デヴィッド・ファーバー、ジェイムズ・A・フジイ、ピーター・ギビアン、ジャッキー・ヒルツ、オースティン・メレディス、スーザン・ニールに感謝する気持ちに変わりはない。

第2章　言及性への介入、あるいはポスト構造主義の外部

（1）　Ferdinand de Saussure, *Course in General Linguistics*, introduction by Jonathan Culler, edited by Charles Bally and Albert Sechehaye in collaboration with Albert Reidlinger, translated by Wade Baskin (Glasgow: Collins, 1974), 120, 122.〔F・ド・ソシュール／小林英夫訳『一般言語学講義』改版、岩波書店、一九七二年、一六八、一七一頁〕

（2）　Paul de Man, *The Resistance to Theory*, foreword by Wlad Godzich (Minneapolis: University of Minnesota Press, 1986), 7.〔P・ド・マン／大河内昌・富山太佳夫訳『理論への抵抗』国文社、一九九二年、三二―三三頁〕近代文学における言語の位置に関する初期ポスト構造主義の議論としてよく知られ、また思考をうながすのは、言語の自己言及的な働きについて考察したロラン・バルトの次の議論である。Roland Barthes, "To Write: An Intransitive Verb?," in *The Structuralist Controversy: The Languages of Criticism and the Sciences of Man*, edited by Richard Macksey and Eugenio Donato (Baltimore: Johns Hopkins University Press, 1970), 134-56.

（3）　De Man, *The Resistance to Theory*, 10.〔ド・マン『理論への抵抗』三八頁〕

（4）　次のド・マンからの引用がこうした点を特徴的にまとめている。「我々がイデオロギーと呼んでいるものは言語的現実を自然の現実と混同し、言及性を現象と混同していることにほかならない。ということは、経済学を含めてどんな探求よりも、文学性を言語の側面から探ることはイデオロギー的な歪曲を暴くための最強かつ不可欠の道具であり、それが起きることを説明する決定的な要素となる。文学理論が社会的・政治的（つまりイデオロギー的）な現実を忘却していると非難する人たちは、自分がおとしめようとしている道具によって明らかにされるイデオロギー的欺瞞を暴かれることに対する恐れを表明しているにすぎないのだ」（De Man, *The Resistance to Theory*, 11〔ド・マン『理論への抵抗』三九―四〇頁〕）。

（5）　この句はド・マンの前記の引用の註4にある。

（6）　この点で大きな影響をもたらした代表がジュディス・バトラーの著作だろう。

（7） Roland Barthes, *Mythologies*, selected and translated from the French by Annette Lavers (Frogmore, St. Albans: Paladin, 1973).〔R・バルト／篠沢秀夫訳『神話作用』第二版、現代思潮社、一九六八年〕以降この本からの引用箇所は括弧内に頁数で記す。

（8） フランスの戦後期における変貌を支えた社会的・知的な勢力に関する歴史的批判として参考になるのが、Kristin Ross, *Fast Cars, Clean Bodies: Decolonization and the Reordering of French Culture* (Cambridge, Mass., and London: MIT Press, 1995) である。ロスは pp. 180-84 でバルトの本を論じている。前衛的なパリの人びとの雑誌『テル・ケル』との関係でバルトの著作を論じているのが、Lisa Low, *Critical Terrains: French and British Orientalisms* (Ithaca: Cornell University Press, 1991) である。

（9） マルクス主義理論における（美的）内省について有益な議論としては、たとえば Fredric Jameson, *Marxism and Form: Twentieth-century Dialectical Theories of Literature* (Princeton: Princeton University Press, 1971)〔F・ジェイムスン／荒川幾男ほか訳『弁証法的批評の冒険――マルクス主義と形式』晶文社、一九八〇年〕、Pierre Macherey, *A Theory of Literary Production*, translated by Geoffrey Wall (London: Routledge and Kegan Paul, 1978)〔P・マシュレー／内藤陽哉訳『文学生産の理論』合同出版、一九六九年〕、および Terry Eagleton, *Criticism and Ideology* (London: Verso, 1978)〔T・イーグルトン／高田康成訳『文芸批評とイデオロギー――マルクス主義文学理論のために』岩波書店、一九八〇年〕を見よ。関連した議論として、Henri Arvon, *Marxist Esthetics*, translated by Helen R. Lane with an introduction by Fredric Jameson (Ithaca and London: Cornell University Press, 1973)、*Marxism and Art: Essays Classic and Contemporary*, selected and with historical and critical commentary by Maynard Solomon (New York: Knopf, 1973)、さらに Theodor Adorno, Walter Benjamin, Ernst Bloch, Bertolt Brecht, and Georg Lukács, *Aesthetics and Politics*, afterword by Fredric Jameson, translation edited by Ronald Taylor (London: Verso, 1980)、および *Marxists on Literature: An Anthology*, edited by David Craig (Penguin, 1975) に収録された諸論文がある。

（10） Friedrich Engels, "Letter to Minna Kautsky," in Craig, ed., *Marxists on Literature*, 268〔大内兵衛・細川嘉六監訳『マルクス

＝エンゲルス全集　第三六巻』大月書店、一九七五年、三四四頁〕八、九章（ラサールに宛てたマルクスとエンゲルスの手紙〔『マルクス＝エンゲルス全集　第二九巻』一九七二年、四六一頁、四七〇頁〕）、および一三章（マーガレット・ハークネス宛のエンゲルスの手紙〔『マルクス＝エンゲルス全集　第三七巻』一九七五年、三五頁〕）も見よ。これらは Marx and Engels, *Selected Correspondence* (Moscow, n.d.) に再録されている。

（11） Engels, "Letter to Margaret Harkness," in Craig, ed., *Marxists on Literature*, 270.〔『マルクス＝エンゲルス全集　第三七巻』〕

（12） David Craig, "Introduction," Craig, ed., *Marxists on Literature*, 22.

（13） レーニンのトルストイ読解（およびトルストイの著作における内省という問題）についてのピエール・マシュレーによる議論がこの点でいまだにもっとも優れたものの一つであろう。Macherey, *A Theory of Literary Production*, 105-35; 299-323 を見よ。

（14） John Bender and David E. Wellbery, "Rhetoricality: On the Modernist Return of Rhetoric," in *The Ends of Rhetoric: History, Theory, Practice*, edited by John Bender and David E. Wellbery (Stanford: Stanford University Press, 1990), 3-39 を見よ。著者たちはモダニズムのレトリック性を、真実の無根拠さを強調しているとしてニーチェの遺産と見なしている。

（15） Paul de Man, "Form and Intent in the American New Criticism," "The Rhetoric of Temporality," and "The Dead-End of Formalist Criticism," in *Blindness and Insight: Essays in the Rhetoric of Contemporary Criticism*, 2nd. rev. ed., introduction by Wlad Godzich (Minneapolis: University of Minnesota Press, 1983), 20-35, 187-228, 229-45〔P・ド・マン／宮﨑祐助・木内久美子訳「アメリカのニュークリティシズムにおける形式と意図」『盲目と洞察』月曜社、二〇一二年／保坂嘉恵美訳「時間性の修辞学」『批評空間』第一期一号・二号、一九九一年〕を見よ。引用は p.31 より。

（16） Erich Auerbach, *Mimesis: The Representation of Reality in Western Literature*, translated by Willard R. Trask (Princeton: Princeton University Press, 1953〔E・アウエルバッハ／篠田一士・川村二郎訳『ミメーシス――ヨーロッパ文学における現実描写』上下、筑摩書房、一九六七／一九九四年〕; 50th-anniversary edition with introduction by Edward W. Said, 2003、頁

数は同じ。とくにアウエルバッハによるヴァージニア・ウルフの議論は示唆的で、そこで彼は外的な出来事がしばしばきわめて曖昧な外観しか持っておらず、登場人物たちの豊かで感受性あふれる内的時間が著者の客観性と覇権を放棄することにつながると論じている。

(17) Auerbach, *Mimesis*, 552.〔アウエルバッハ『ミメーシス（下）』四七四―四七五頁〕

(18) Geoff Bennington, "Demanding History," in *Post-structuralism and the Question of History*, edited by Derek Attridge, Geoff Bennington, and Robert Young (New York: Cambridge University Press, 1987), 17.

(19) Marian Hobson, "History Traces," in Attridge, Bennington, and Young, eds., *Post-structuralism and the Question of History*, 102-3.

(20) ポスト構造主義理論に内在する矛盾に対する簡潔な批判、および人文学の多文化的傾向にポスト構造主義理論がもたらした深刻な影響については、Masao Miyoshi, "Ivory Tower in Escrow," *boundary* 2 27.1 (spring 2000)、とくに pp. 39-50を見よ（この論文は、*Learning Places: The Afterlives of Area Studies*, edited by Masao Miyoshi and H. D. Harootunian [Durham and London: Duke University Press, 2002], 19-60 にもある）。ミヨシの批判は第二次世界大戦後のアメリカで大学と知性がしだいに企業論理に取り込まれていったことを論じた長い論考の一部分をなす。

(21) 私は他のところで近代の中国語・中国文学の歴史的特殊性について詳しく論じたことがあるので、ここではそれを繰り返さない。興味のある読者は、Rey Chow, *Woman and Chinese Modernity: The Politics of Reading between West and East* (Minneapolis: University of Minnesota Press, 1991)〔R・チョウ／田村加代子訳『女性と中国のモダニティ』みすず書房、二〇〇三年〕、それに *Writing Diaspora: Tactics of Intervention in Contemporary Cultural Studies* (Bloomington and Indianapolis: Indiana University Press, 1993) の第二章「あのネイティヴたちは皆どこへ行ったのか?」、第三章「ポストモダン自動人形」、および「メディア、事物、移民たち」という第八章をご覧いただきたい〔本橋哲也訳『ディアスポラの知識人』青土社、一九九八年〕。

(22) Johannes Fabian, *Time and the Other: How Anthropology Makes Its Object* (New York: Columbia University Press, 1983), 31.

(23) Fabian, "If It Is Time, Can It Be Mapped?," Eviatar Zerubavel, *Time Maps: Collective Memory and the Social Shape of the Past* (Chicago: University of Chicago Press, 2003) の書評論文、*History and Theory* 44 (February 2005), 119 n. 13.

(24) Carlos J. Alonso, *The Burden of Modernity: The Rhetoric of Cultural Discourse in Spanish America* (New York: Oxford University Press, 1998), 7.

(25) *Ibid.*, 8.

(26) Fabian, *Time and the Other*, x. ミヨシの言い方では、このことはいわゆるメタナラティヴのこれまで貶められてきた機能を回復するということになるだろう——「このように商業化された世界における学者の仕事は……特定の領域、国家、人種、年齢、ジェンダー、文化ではなく、あらゆる領域、国家、人種、年齢、ジェンダー、文化において、なるべく多くの場で問題を学び監視することにある。言いかえれば、大文字のマスターナラティヴを放棄するどころか、人文学の批評家や学者はメタナラティヴの公的な活力を回復しなくてはならないのだ」("Ivory Tower in Escrow," *boundary 2* 27.1 [spring 2000]: 49)。

第3章　文学研究における比較という古くて新しい問題

(1) Edward W. Said, "Introduction to the Fiftieth-Anniversary Edition," in Erich Auerbach, *Mimesis: The Representation of Reality in Western Literature*, translated by Willard R. Trask (Princeton: Princeton University Press, 2003), xvi.〔エドワード・サイード／村山敏勝・三宅敦子訳「エーリッヒ・アウエルバッハ『ミメーシス』について」同『人文学と批評の使命——デモクラシーのために』岩波書店、二〇〇六年、第四章〕

(2) こうした考え方で影響力があり議論をよぶ哲学論文としては、Immanuel Kant, *Perpetual Peace*, preface by Nicholas Murray Butler (Los Angeles: U.S. Library Association, Inc., 1932)〔イマヌエル・カント／遠山義孝訳「永遠平和のために」福田喜一郎ほか訳『歴史哲学論集』（カント全集第一四巻）岩波書店、二〇〇〇年所収〕を見よ。この版の本文は、一七九六年にロンドンで出版されたカント論文の初版の翻訳にもとづいている。

（3） Susan Bassnett, *Comparative Literature: An Introduction* (Oxford: Blackwell Publishers, 1993), 21. バスネットは専門領域としての比較文学の源に関する有益な議論を展開している、とくに pp. 12-30 を見よ。

（4） Hutcheson Macaulay Posnett, *Comparative Literature* (New York: D. Appleton and Company, 1896), 86. ポスネットの本は、一八八六年一月一四日の日付のある "The International Scientific Series" のなかに収められている。

（5） 「アメリカ合州国の比較文学の『源』はそれを確保した様々な事態と何らかの関係をもっている。エーリッヒ・アウエルバッハ、レオ・シュピッツァー、ルネ・ウェレック、レナート・ポッジオーリ、クラウディオ・ギーレンといった傑出したヨーロッパの知識人がヨーロッパの『全体主義』体制から逃亡したことがそれだ。アメリカ合州国の比較文学はヨーロッパ諸国相互の歓待のうえに成立したと言ってもいいかもしれない」。Gayatri Chakravorty Spivak, *Death of a Discipline* (New York: Columbia University Press, 2003), 8. 〔G・C・スピヴァク／上村忠男・鈴木聡訳『ある学問の死——惑星思考の比較文学へ』みすず書房、二〇〇四年、一四頁〕このなかの一人、レオ・シュピッツァーの亡命生活を博識をもって興味深く論じ、シュピッツァーの著作において比較文学の要素が国家を横断するヒューマニズムの内部における多言語主義の決定的役割を強調する論文として、Emily Apter, "Global *Translatio*: The 'Invention' of Comparative Literature, Istanbul, 1933," *Critical Inquiry* 29 (winter 2003): 253-81 を見よ。

（6） 多文化主義の時代における比較によって提起される問題を考察した意義ある試みとしては、Charles Bernheimer, "Introduction: the Anxieties of Comparison," in *Comparative Literature in the Age of Multiculturalism*, edited by Bernheimer (Baltimore: Johns Hopkins University Press, 1995), 1-17 を見よ。しかしベルンハイマーによる比較の定義は、より厄介な問いに応えるにはあまりに間口が広すぎる。「『比較』とはまさに……それは何か、という問いだ。活動なのか、機能なのか、実践なのか？　これらすべてなのか？　私たちのフィールドがつねに不安定で揺れ動き、保証がなく、自己批判的であることを確かめることだ」(p. 2)。今日こうした定義はどんな知の領域で活動するあらゆる真っ当な人が採用するだろう。比較を解放、異化、創造的行為として人間主義的次元を強調するより見慣れた議論としては、Ed Ahearn and Arnold Weinstein, "The Function of Criticism at the Present Time: the Promise of Comparative Literature," in Bernheimer, ed., *Comparative Literature in the Age of Multiculturalism*, 77-85 を見よ。対照的に、比較を「一般的で一貫した規則を定義する」ものとする学者たちもいる（Michael Riffaterre, "On the Complementarity of Comparative Literature and Cultural Studies," *ibid.*, 67 を見よ）。こうした比較の概念は一九七〇年代以来のポスト構造主義理論と比較文学との緊密な関係から生じたものだが、この章で論じるようにやはり不十分なものである。

（7）何世代にもわたる比較文学者に影響を与えてきた「二重学問」アプローチの源については、Bassnett, *Comparative Literature*, 27 以下を見よ。

（8）世界文学に関する最近の議論としては、たとえば David Damrosch, *What Is World Literature?*（Princeton: Princeton University Press, 2003）を見よ。ダムロッシュは世界文学を流通の側面から定義している。「私は世界文学を、出自の文化を超えて翻訳だろうと元の言語だろうとあらゆる文学作品をまたいで流通するものと考えている」。「世界文学とは……流通と読解の様態であり、すでに定評ある古典であろうと新しく発見された作品の読解であろうと、全体にも個々の作品にも適用しうる様態である」（pp. 4, 5）。そのような流通の例における歴史や政治的力学を検証した以前の説得力ある議論としては、Michael Hanne, *The Power of the Story: Fiction and Political Change* (Providence, R.I.: Berghan Press, 1994）を見よ。*Debating World Literature*, edited by Christopher Prendergast (New York and London: Verso, 2004）に収録された諸論文も参考のこと。

（9）Francesco Loriggio, "Disciplinary Memory as Cultural History: Comparative Literature, Globalization, and the Categories of Criticism," *Comparative Literature Studies* 4.1.1 (2004): 71.

（10）Bassnett, *Comparative Literature*, 21.

（11）Susan Sniader Lanser, "Compared to What? Global Feminism, Comparatism, and the Master's Tools," in *Borderwork: Feminist*

Engagements with Comparative Literature, edited by Margaret R. Higonnet (Ithaca and London: Cornell University Press, 1994), 287. ランサーの論文は、比較文学の言語的階層構造を解体する建設的で巧みな議論を展開している。

（12）　Roland Greene, "Their Generation," in Bernheimer, ed., *Comparative Literature in the Age of Multiculturalism*, 146.

（13）　Wail S. Hassan and Rebecca Saunders, "Introduction," *Comparative Studies of South Asia, Africa and the Middle East* 23: 1&2 (2003): 23.

（14）　Lanser, "Compared to What?," 288.

（15）　今から考えれば、ロリッジオが次のように書いているように、このことは多くの問題をはらんでいる。「文学の特殊性と批判的・理論的な役割をいったん認め肯定してしまうと、我々は比較についてもはや問題にする必要がなくなるとこのように信じてしまうことは、比較主義についても、またそれが批評や理論のなかでもつ役割についても誤解してしまうことになる」。Loriggio, "Disciplinary Memory as Cultural History," 52.

（16）　René Wellek and Austin Warren, *Theory of Literature*, 3rd. ed. (New York: Harcourt Brace and Company, 1984), 19. ウェレックとウォレンのやろうとしたことはいわゆる文学の科学、あるいは詩学とその目的において重なっている。ウェレックは"The Crisis of Comparative Literature"においても、比較文学研究の問題を次のように類似したかたちで定義している。「我々の研究が危機に瀕している明らかな兆候として、他とは明らかに異なる主題も方法論も立ち上げることができていないという事実がある」（*Concepts of Criticism*, edited and introduction by Stephen G. Nichols Jr. [New Haven and London: Yale University Press, 1963], 282）。やや異なる想定のもとに（「文学の科学」として）文学研究を系統的に行う以前の試みとしては、Posnett, *Comparative Literature* が次のように書いている。「［科学という］用語を使うことによって私たちが示唆しようとしているのは、文学の様々な局面において発見しうる限られた真実、あるいは、限られた真実としてそれを理解するためにも、それは比較的永続する影響という確かな中心的事実のまわりに集められなくてはならない。そうした事実とは、異なる国における気候、土壌、動植物であり、共同体から個人の生活へと進化する原則がまたそうだが、これらについてこれから詳述していく」（p. 20）。

（17） Michel Foucault, *The Order of Things: An Archaeology of the Human Sciences*, translated by Alan Sheridan (London: Tavistock, 1970), 296.〔M・フーコー／渡辺一民・佐々木明訳『言葉と物――人文科学の考古学』新潮社、一九七四年、三一七頁〕

（18） Jorge Luis Borges, "The Analytical Language of John Wilkins," in *Other Inquisitions, 1937-1952*, translated by Ruth L. C. Simms, introduction by James E. Irby (Austin: University of Texas Press, 1964), 101-103.〔J・L・ボルヘス／中村健二訳「ジョン・ウィルキンズの分析言語」同『続審問』岩波文庫、二〇〇九年、一八一―一八七頁〕

（19） Foucault, *The Order of Things*, xvi-xvii.〔フーコー『言葉と物』一四―一六頁〕

（20） Wellek and Warren, *Theory of Literature*, 49.

（21） Edward W. Said, *Culture and Imperialism* (New York: Vintage, 1994), 45.〔E・サイード／大橋洋一訳『文化と帝国主義1』みすず書房、一九九八年、一〇二頁〕文学におけるモダニズムと国際主義の中心地としてヨーロッパ、とくにフランスに焦点を当てて、それが文学的現在に参入するための異なる文化からやってきた作家たちが努力し、互いに競ってきた中心地であったことを論じた比較的最近の研究としては、Pascale Casanova, *The World Republic of Letters*, translated by M. B. DeBevoise (Cambridge, Mass., and London: Harvard University Press, 2004)〔P・カザノヴァ／岩切正一郎訳『世界文学空間――文学資本と文学革命』藤原書店、二〇〇二年〕を見よ。ヨーロッパ中心主義をふくめてカカサノヴァの議論を詳細に批判したものとしては、Christopher Prendergast, "The World Republic of Letters," in Prendergast, ed., *Debating World Literature*, 1-25 を見よ。

（22） 「フランス語圏」の問題を簡潔に論じたものとして、Réda Bensmaïa, "La langue de l'étranger ou la Francophonie barrée," *Rue Descartes* 37 (2002): 65-73 を見よ。

（23） 同じ語の異なる概念化、つまりヨーロッパの内的な異質性と世界的な影響の減少（北アメリカとの比較において）を論じたものとして、Fredric Jameson, “Europe and Its Others,” in *Unpacking Europe: Towards a Critical Reading*, edited by Salah Hassan and Iftikhar Dadi (Rotterdam: Museum Boijmans Van Beuningen Rotterdam and NAi Publishers, 2001), 294-303 を見よ。

（24）「精読にまつわる問題とは（ニュークリティシズムから脱構築にいたるあらゆるその形態において）それがきわめて狭い正典に頼らざるをえないということだ。……そしてもし人がそうした正典をこえて読もうとしても（もちろん世界文学ならそうするだろう、そうしないのは理不尽だから）、精読はそれを拒否する。精読はもともとそのようにできておらず、正反対のことをするようにできている。根底的にそれは神学的営み、つまりきわめて真剣にきわめて少数のテクストを厳粛に扱うことなのである……」。Franco Moretti, “Conjectures on World Literature,” *New Left Review* 1 (2000): 57.

（25）Mitsuhiro Yoshimoto, “Questions of Japanese Cinema: Disciplinary Boundaries and the Invention of the Scholarly Object,” in *Learning Places: The Afterlives of Area Studies*, edited by Masao Miyoshi and H. D. Harootunian (Durham and London: Duke University Press, 2002), 393、引用者による強調。比較文学が多文化主義やカルチュラル・スタディーズの観点からその方法や実践を改革していくことに向けた建設的な提案のいくつかが、“The Bernheirner Report, 1993: Comparative Literature at the Turn of the Century”（アメリカ比較文学協会の規約にしたがって書かれ配布された第三基準報告）in Bernheimer, ed., *Comparative Literature in the Age of Multiculturalism*, 39-48 にある。しかしこの本の寄稿者のなかにはこの報告に根本的な異議を呈する者たちがいる。

（26）たとえば *Cultural Institutions of the Novel*, edited by Deidre Lynch and William B. Warner (Durham and London: Duke University Press, 1996) のなかの論文を見よ。引用は編者の “Introduction: The Transport of the Novel,” 4 より。

（27）Dipesh Chakrabarty, *Provincializing Europe: Postcolonial Thought and Historical Difference* (Princeton: Princeton University Press, 2000). 西ヨーロッパの小説という歴史的な事例が世界で小説が勃興するさいの典型というより例外的事例である

ことを論じているのは、Moretti, "Conjectures on World Literature," 58-61 である。

(28) Lanser, "Compared to What?," 295. この限りにおいて、翻訳がヨーロッパ中心主義の難問と、元の言語を使うべきであるとするエリート主義から抜け出る道であると考えている学者たちが居ることは確かだが、私としては最近の翻訳をめぐる盛んな議論は多くの面で、言語や言語使用者に対する非歴史的な見方に縛られている点でやや問題があると考えている。

(29) Ibid., 290.

(30) Réda Bensmaïa, *Experimental Nations or, the Invention of the Maghreb*, translated by Alyson Waters (Princeton: Princeton University Press, 2003), 6. シュウメイ・シ〔史書美〕も同様の点を指摘する。「こうした知の求心的生産の周縁および階層秩序の下層では、非西洋の文学や少数言語の文学を研究する学者が、自分『自身』の専門領域で要請されるレベルには及ばない研究をしている者たちと――彼らの意図は『善良』とはいえ――しばしば競合しなくてはならない。こうした者たちの善意は一貫しない関心によっても支えられており、そこでは非西洋の少数文学には正典文学ほど厳しい批判的判断が要求されないという要請が存在しているのである」。Shu-mei Shih, "Global Literature and the Technologies of Recognition," *PMLA* 119.1 (2004): 17.

(31) Partha Chatterjee, *Nationalist Thought and the Colonial World: A Derivative Discourse?* (Tokyo: Zed Books, 1986); *The Nation and Its Fragments: Colonial and Postcolonial Histories* (Princeton: Princeton University Press, 1993).

(32) Olakunle George, *Relocating Agency: Modernity and African Letters* (Albany: State University of New York Press, 2003).

(33) Carlos J. Alonso, *The Burden of Modernity: The Rhetoric of Cultural Discourse in Spanish America* (New York: Oxford University Press, 1998).

(34) Gregory Jusdanis, *Belated Modernity and Aesthetic Culture: Inventing National Literature* (Minneapolis: University of Minnesota Press, 1991), 4. ウェレックからの引用は、René Wellek, *Discriminations: Further Concepts of Criticism* (New Haven: Yale Univer-

sity Press, 1970), 19.

(35) Naoki Sakai, *Translation and Subjectivity: On "Japan" and Cultural Nationalism*, foreword by Meaghan Morris (Minneapolis: University of Minnesota Press, 1997), 48.〔日本語版、酒井直樹『日本思想という問題——翻訳と主体』岩波書店、一九九七年、四六—四七頁〕

(36) *Ibid.*, 59.〔日本語版、六二頁〕

(37) Jusdanis, *Belated Modernity and Aesthetic Culture*, 80.

(38) Sakai, *Translation and Subjectivity*, 51.〔日本語版、五一—五二頁〕

(39) Foucault, *The Order of Things*, in particular chapters 9 and 10 (303-87)〔フーコー『言葉と物』三二二—四〇九頁〕を見よ。

(40) Bassnett, *Comparative Literature*, 5, 38.

(41) Samuel Weber, "The Foundering of Aesthetics: Thoughts on the Current State of Comparative Literature," in *The Comparative Perspective on Literature: Approaches to Theory and Practice*, edited and introduction by Clayton Koelb and Susan Noakes (Ithaca: Cornell University Press, 1988), 65. ウェーバーの論文は、カントの著作（とくに『判断力批判』）への思考を誘発する読解の試みであり、カントの著作を文学全般の基礎として位置づけようとするウェレックの（誤）使用に対する批判となっている。とりわけこの論文は、比較文学の問題とより広範な美的・内省的判断にかかわる問いとを豊かな広がりをもって結びつける試みでもある。現代の批評家のなかでは、ガヤトリ・チャクラヴォルティ・スピヴァクの著作がポストヨーロッパ文化との関係においてカントを読む点で模範的と言える。たとえば *A Critique of Postcolonial Reason* (Cambridge, Mass.: Harvard University Press, 1999)〔G・C・スピヴァク／上村忠男・本橋哲也訳『ポストコロニアル理性批判——消え去りゆく現在の歴史のために』月曜社、二〇〇三年〕を見よ。

(42) Chatterjee, *The Nation and Its Fragments*, 38, 42.

(43) Benedict Anderson, *Imagined Communities: Reflections on the Origin and Spread of Nationalism* (London: Verso, 1983)〔B・アン

ダーソン／白石さや・白石隆訳『定本　想像の共同体――ナショナリズムの起源と流行』書籍工房早山、二〇〇七年〕、および Chatterjee, *The Nation and Its Fragments*, chapter 1, 3-13 を見よ。

(44) 様々なポストコロニアル状況における比較文学研究の複雑な言語的・文化的な問題をめぐる時宜にかなった議論としては、*Comparative Studies of South Asia, Africa and the Middle East* 23: 1&2 (2003)、とくに Wail S. Hassan and Rebecca Saunders, "Introduction," 18-31 を見よ。

(45) H. D. Harootunian, "Some Thoughts on Comparability and the Space-Time Problem," *boundary 2* 32.2 (summer 2005): 23-52.

(46) Johannes Fabian, *Time and the Other: How Anthropology Makes Its Object* (New York: Columbia University Press, 1983).

(47) Harootunian, "Some Thoughts on Comparability and the Space-Time Problem," 30; ハルトゥーニアンはフェービアンの Fabian, *Time and the Other*, 16-17 から引用している。この著作でフェービアンは、一見空間的な整理である分類法さえも時間的要素をはらんでいることを指摘する。「意味論的な関係を設けることによって、とくにそれが関係の分類である場合には、それ自体が時間的な行いとなるのだ。分類という平らな空間を動くふりをしながら、分類学者たちは時間的な傾きのある場に身を置いている――自らの科学的欲望の対象に対してつねに上、上流に位置しながら」(*Time and the Other*, 151)。

(48) Benedict Anderson, *The Spectre of Comparisons: Nationalism, Southeast Asia and the World* (London: Verso, 1998)〔B・アンダーソン／糟谷啓介ほか訳『比較の亡霊――ナショナリズム・東南アジア・世界』作品社、二〇〇五年〕; Harootunian, "Ghostly Comparisons: Anderson's Telescope," *diacritics* 29.4 (winter 1999): 135-49 を見よ。ハルトゥーニアンによるアンダーソン批判は、彼の地域研究体制に対する一貫した批判、つまりそれが比較可能性という本業を忘却してしまったことへの批判に深く結びついている。たとえば、H. D. Harootunian, "Tracking the Dinosaur: Area Studies in a Time of 'Globalism,'" in his *History's Disquiet: Modernity, Cultural Practice, and the Question of Everyday Life* (New York: Columbia University Press, 2000), 25-58 を見よ。また、H. D. Harootunian, "Introduction: The 'Afterlives' of Area Studies" (coauthored with Masao

Miyoshi)、さらには "Postcoloniality's Unconscious/Area Studies' Desires," in Miyoshi and Harootunian, eds., *Learning Places*, 1-18, 150-74も見よ。アンダーソンの著作にあるネーションの比較可能性をめぐる関連した議論としては、*diacritics* の特集号の諸論文、とくに Pheng Cheah, "Grounds of Comparison," 3-18 を見よ。

(49) Harootunian, "Ghostly Comparisons," 148-49.

(50) この章の最初の版は四つの応答とともに発表された。以下の応答者のコメントや問いに感謝したい。Simon During, "Comparative Literature"; Frances Ferguson, "Comparing the Literatures: Textualism and Globalism"; Jonathan Goldberg, "English"; Michael Moon, "Comparative Literatures, American Languages," *ELH (English Literary History)* 71.2 (2004): 313-22; 323-27; 329-34; 335-44 を見よ。

訳者あとがき

本書は、Rey Chow, *The Age of the World Target: Self-Referentiality in Wars, Theory, and Comparative Work* (Durham and London: Duke University Press, 2006) の翻訳です。このメインタイトルは、文字通りには「世界標的の時代」ということで、これだけだとやや曖昧な印象があるかもしれません。ひとつには、本書の三章の原型が三つの別々の論文からできているという事情もあるでしょう。すなわち、それらの三つの論文は、アジアにおけるアメリカ合州国による日本への原子爆弾の投下の記憶に関するもの、ポスト構造主義の鍵となる概念である（と著者チョウが考える）「自己言及性」についての論文、そしてヨーロッパ中心的でない比較文学研究の可能性を展望するもの、というように、それぞれが歴史、理論、文学という異なる分野を扱っています。しかしそうした三つの異なる分野を横断する概念として、ハイデガーの「世界像」から出発して、「世界が標的となる時代」といった独自の思想的展開を試みているところに本書の独自性を見ることができるでしょう。

そのような思想的展開がどのようにして、右の三つの分野に関わるのかを検討するのが序章です。そこでは、第二次世界大戦後のアメリカ合州国における地域研究や比較文学研究のような「国際的」で異文化間の交渉を要件とする人文学的学問の基盤にある書記や表象の営みが、どのような状況から確立されてきたのかが問われています。そのさいチョウが俎上にあげるのは、二〇世紀後半にフランスの哲学者たちによって先鞭をつけられ、いまだに英米における思想的著作の多くを支えているとされるポスト構造主義、とくにその「言語論的転回」と「自己言及性」、つまり書記や表象の道具である言語が自らのうちに自己を解体する契機を孕んでいるという発想です。チョウがここで独創的なのは、このような「自己言及性」をめぐる理論的考察を、文化の差異や不平等、あるいは多文化主義に関わる地域研究や比較文学研究に結び付けて考えようとするところにあります。さらにアメリカ合州国における地域研究の原点のひとつが、その国の戦争遂行努力、特に二つの原子爆弾の投下に繫げられるにいたって、本書の議論は、まさにサブタイトルにあるように「戦争」と「理論」と「文化」といった、一見関係が希薄な三つの領域を横断するものとなるのです。

このように考えてくると、本書を貫いている問題意識を一言で言えば、理論にとって、あるいはそれを形作っている言語にとって、さらに限定して言えば「近代ヨーロッパ的言語」にとって、〈外部〉とは何かという問いであるということになるでしょう。そのことを具体的に検証する事例が、原子爆弾という究極的な他者破壊兵器の使用を可能にした言語による仮想世界の構築であり（第1章）、ポスト構造主義のアイデンティティの政治学の閉鎖性を開くための鍵である時間性の問題であり（第

2章）、そして近代ヨーロッパによって創られた比較文学研究がヨーロッパ的植民地主義以降の枠組みの中で持つべき限定と可能性です（第3章）。したがって本書は、戦争や文化や学術といった事象をメタな位置から理論によって切るという、ありがちな「批評理論的」著作ではなく、その理論（この場合はポスト構造主義理論）を言わば逆なでして、理論そのものの拠って立つ基盤の隘路や矛盾を暴くことにより、事象（すなわち理論の外部にあるもの）に向き合うことの避けがたい困難をあらためて感じさせる著作になっています。

その意味でこの本は、よく言われるところの「難解な理論」と「興味深い具体例」との二項対立（という実は虚妄の対立）に囚われることなく、なぜ私たちにとって理論が必要であるかを考えるための有効な手がかりを与えてくれることでしょう。日本語圏でも一九八〇年代以来の「批評理論全盛の時代」が終わりを告げたとも言われ、ともすれば学問機関で仕事をしている人のなかにも、「理論などいらない」などと乱暴なことを公言する人がいるようです。そのような暴言が「難しさ」に直面することを忌避する怠慢や、「具体例をたくさん知っている」という傲慢さに起因するものであるとすればそれは論外ですが、しかし日本でも「ヨーロッパ発の理論」こそが「理論」であるという風潮が強かったという歴史を踏まえれば、私たちも今ひとたび、なぜ理論が必要なのかという問いに立ち返るべきかもしれません。そしてこの問いに答えようとすること自体が、多くの理論化を必要とする、すなわち理論が拠って立つ基盤であるところの、発話主体の問題や表象と現実との関係、文化的差異の認識といったことに関わる原理的、すなわち自己反省的考察を要請します。そのような自己省察が、広い意味での「歴史という文学的テクスト」の精読を通してもたらされるはずです——理論化とはすなわち歴史化なのですから。

レイ・チョウは一九五七年香港生まれ、カリフォルニア大学アーヴァイン校、ブラウン大学を経て、現在はデューク大学のアン・フィロール・スコット文学教授の地位にあります。かつては中国の映画や文学の研究書が多かった彼女ですが、最近はマサオ・ミヨシ、ハリー・ハルトゥーニアン、ナオキ・サカイといった地域研究や比較文学の泰斗とともに、「西洋発の理論」が「西洋以外の場所」の文学や思想とどう交渉するのかを問う論考が多くなっており、本書もその一環と言えるでしょう。彼女の英語による主要な著作には以下のようなものがあります。

Woman and Chinese Modernity: The Politics of Reading Between West and East (University of Minnesota Press, 1991).〔『女性と中国のモダニティ』田村加代子訳（みすず書房、二〇〇三）〕

Writing Diaspora: Tactics of Intervention in Contemporary Cultural Studies (Indiana University Press, 1993).〔『ディアスポラの知識人』本橋哲也訳（青土社、一九九八）〕

Primitive Passions: Visuality, Sexuality, Ethnography, and Contemporary Chinese Cinema (Columbia University Press, 1995).〔『プリミティヴへの情熱——中国・女性・映画』本橋哲也・吉原ゆかり訳（青土社、一九九九）〕

Ethics after Idealism: Theory - Culture - Ethnicity - Reading (Indiana University Press, 1998).

The Protestant Ethnic and the Spirit of Capitalism (Columbia University Press, 2002).
The Age of the World Target: Self-Referentiality in War, Theory, and Comparative Work (Duke University Press, 2006).〔本書〕
Sentimental Fabulations, Contemporary Chinese Films: Attachment in the Age of Global Visibility (Columbia University Press, 2007).
Entanglements, or Transmedial Thinking about Capture (Duke University Press, 2012).
Not Like a Native Speaker: On Languaging As a Postcolonial Experience (Columbia University Press, 2014).

この訳書を刊行していただくにあたっては、法政大学出版局の勝康裕さんにお世話になりました。また勝さんが法政大学出版局をご退社の後は、お仕事を引き継いでくださった高橋浩貴さんが、訳稿の細かい表記をチェックしていただくだけでなく、すべての引用箇所について原典と邦訳を照らし合わせてくださいました。心より感謝申し上げます。もちろん何か間違いがあるとすればそれは訳者の責任ですので、ご指摘いただければ幸いです。

私たち日本語圏の読者の多くが住んでいる国は、原著が発行された二〇〇六年にはなかなか想像を共有できていなかった原子力エネルギーに関わる危機的な状況の下に現在おかれています。本書が原爆投下をもたらした他者認識のありようを通して明らかにする理論の隘路は、私たち自身が都会の繁栄のために過疎地を犠牲にするという原子力的植民地構造にも繫がっているものでしょう。「自己言及性」が自己省察でもあること——それが理論の可能性のひとつであるならば、このささやかな訳業が、いまだに福島や辺野古を蹂躙する他者排除の構造を反省する契機のひとつとなることを望んでやみません。

二〇一四年十月

訳者識

索 引

ア行

カ行

サ行

ナ行

ハ行

マ行

ヤ行

ラ行・ワ行

サピエンティア　38

標的とされた世界
戦争、理論、文化をめぐる考察

2014年11月20日　初版第1刷発行

著　者　レイ・チョウ
訳　者　本橋哲也
発行所　一般財団法人　法政大学出版局
〒102-0071 東京都千代田区富士見 2-17-1
電話 03(5214)5540 振替 00160-6-95814
組版: HUP　印刷: 平文社　製本: 積信堂
装幀: 奥定泰之

Printed in Japan

ISBN978-4-588-60338-9

著　者

レイ・チョウ（Rey Chow）

1957年、香港生まれ。スタンフォード大学で博士号取得。ミネソタ大学助教授、カリフォルニア大学アーヴァイン校教授、ブラウン大学教授を経て、現在、デューク大学アン・フィロール・スコット文学教授。日本語訳された著書に『ディアスポラの知識人』（本橋哲也訳、青土社、1998年）、『プリミティヴへの情熱——中国・女性・映画』（本橋哲也・吉原ゆかり訳、青土社、1999年）、『女性と中国のモダニティ』（田村加代子訳、みすず書房、2003年）がある。

訳　者

本橋哲也（もとはし・てつや）

1955年、東京生まれ。英国ヨーク大学大学院にて博士号取得。東京都立大学人文学部助教授を経て、現在、東京経済大学コミュニケーション学部教授。著書に『ポストコロニアリズム』（岩波書店、2005年）、『思想としてのシェイクスピア』（河出書房新社、2010年）、『深読みミュージカル』（青土社、2011年）など、訳書にヒューム『征服の修辞学』（共訳、法政大学出版局、1995年）、バーバ『文化の場所』（共訳、法政大学出版局、2005年）、ロイ『民主主義のあとに生き残るものは』（岩波書店、2012年）などがある。